はじめに

ビジネスマナー検定試験 準２級は、これから職場体験やインターンシップに行かれる学生・生徒さんに受験していただきたい検定試験です。

- 本試験の出題範囲は、標準テキスト「ビジネスマナー・バイブル」のうち「態度分野」および「技能分野」です。本書は標準テキストから検定試験に出題するために作問し、その問題を登載いたしましたので、本書を学習し理解すれば、検定試験に合格可能な内容になっています。
- 本試験では「態度分野」から 20 問、「技能分野」から 40 問、合計 60 問が出題されます。合格基準は各分野の正解率 50%以上、かつ総合正解率 70%以上です。なお、試験時間は 90 分間です。

分野	内容	出題数	合格基準
態度分野	01 ビジネスパーソンとして大切なこと 02 仕事の進め方の基本 03 ビジネスコミュニケーション 04 学ぶ立場から考えるマナー	20 問	50%以上
技能分野	01 身だしなみ 02 挨拶と立ち居振る舞い 03 敬語と言葉遣い 04 電話応対 05 ビジネスメール 06 ビジネス文書 07 訪問 08 来客応対	40 問	50%以上
総合正解率			70%以上

- 本書には、分野別問題の他、模擬試験問題３回を登載しています。分野別問題はテキスト学習の副教材として、模擬試験問題は一通りの学習を終えたあとの理解度の確認にご活用いただけます。（模試問題は分野別問題から抽出しています。）
- 解答は別冊で提供します。解答には解説に代えて、標準テキストの対応ページを記載しています。

本書で学習された方が検定試験に合格されますこと、祈念いたします。

一般社団法人全国検定教育振興会

目　次

01　ビジネスパーソンとして大切なこと

―――――――――――――001―――――――――――――

解答欄

（　　　）に入る適切な言葉は、次のうちのどれですか。

「マナーとは、人間関係や（　　　）を保つために取るべき態度や行動のことである。」

①　社会的秩序
②　仕事の進捗
③　倫理観
④　社会的価値

―――――――――――――002―――――――――――――

解答欄

（　　　）に入る適切な言葉は、次のうちのどれですか。

「ビジネスマナーとは、組織・企業の一員として求められる（　　　）ある行動のことである。」

①　意識
②　見識
③　良識
④　学識

―――――――――――――003―――――――――――――

解答欄

学生と社会人とでは本分が異なりますが、本分の意味として適切なものは、次のうちのどれですか。

①　生活の中心となる本来の務め
②　社会での役割
③　本来の自分
④　生活の基盤となる場所

―――――――――――004―――――――――――

（　　　）に入る適切な言葉は、次のうちのどれですか。

「仕事とは、社会に必要な財貨や（　　　）を生産したり提供したりする社会的活動である。」

① サービス
② 商品
③ 技術
④ システム

解答欄

―――――――――――005―――――――――――

（　　　）に入る適切な言葉は、次のうちのどれですか。

「働くことの意味は、経済的自立とやりがい、そして（　　　）である。」

① 社会への参画
② 家族の支援
③ 人間関係の拡大
④ 趣味との両立

解答欄

―――――――――――006―――――――――――

（　　　）に入る適切な言葉は、次のうちのどれですか。

「働く上では、いかに戦力になれるかを考え、貢献することで（　　　）になることを目標にすべきである。」

① 人財
② 人材
③ 人罪
④ 人在

解答欄

―――――――――――――007―――――――――――――

解答欄

プロとして働くスタートを切るうえで大切な心がけとして不適切なものは、次のうちのどれですか。

①　当たり前のことが当たり前にできる人になる。
②　どんなに小さな仕事にも全力で取り組む。
③　全力で仕事にまい進し周りからの信頼を得る。
④　自分にできる仕事を選別し、その範囲で働く。

―――――――――――――008―――――――――――――

解答欄

仕事への心構えとして不適切なものは、次のうちのどれですか。

①　率先して仕事をする。
②　時間を有効活用する。
③　尊大な姿勢で取り組む。
④　心身の健康管理をする。

―――――――――――――009―――――――――――――

解答欄

仕事への心構えに大切な「謙虚な姿勢」として不適切なものは、次のうちのどですか。

①　あいまいな点は必ず確認する。
②　わからない仕事は引き受けない。
③　まずは先輩のやり方を真似る。
④　ミスをしたらすぐに報告して謝罪する。

――――――――――――010――――――――――――

解答欄

仕事でミスをしたときの対処として適切なものは、次のうちのどれですか。

① ミスはマイナス評価につながるので隠す。
② ギリギリまで自分一人で解決を図る。
③ 事情を説明して上司の指示を受ける。
④ 上司や先輩に責任を負ってもらう。

――――――――――――011――――――――――――

解答欄

率先して仕事に取り組む姿勢として適切なものは、次のうちのどれですか。

① 率先して会議で発言し、自分の主張を押し通す。
② 新しい仕事に進んで取り組む。
③ 自分の仕事より先輩の仕事を優先する。
④ 始業時間より早く来て仕事を始める。

――――――――――――012――――――――――――

解答欄

社会人として必要な心身の管理についての説明で不適切なものは、次のうちのどれですか。

① ストレスはすべてが悪いわけではないと考える。
② 朝はぎりぎりまで睡眠時間に充てる。
③ 食事はバランスよく食べる。
④ 適度に運動をする。

02　仕事の進め方の基本

―――――――――――――013―――――――――――――

解答欄

次の働く上での基本姿勢の説明で適切なものは、次のうちのどれですか。

①　休憩時間以外は、自分の居場所は明確にしておき、席を立つときは周囲に声をかける。

②　上司に呼ばれたら「メモは必要か」と聞いてから席を立つようにする。

③　仕事を引き受けるとき、わからないことがあってもまずはできそうなところから進める。

④　引き受けた仕事が終わらなければ、自己判断で責任を持って持ち帰る。

―――――――――――――014―――――――――――――

解答欄

次の職場での行動のうち適切なものは、次のうちのどれですか。

①　会議中は、スマートフォンはマナーモードにしておいた。

②　受付で、手が空いていたので頬杖をついて客を待った。

③　朝早く出社したので、パソコンのそばで食事をとった。

④　昼休み中、パソコンで週末の旅行情報を検索した。

―――――――――――――015―――――――――――――

解答欄

次の職場での休暇の取り方のうち不適切なものは、次のうちのどれですか。

①　休暇中も連絡が取れるように、常にスマートフォンなどをつなげておく。

②　休暇の申請は直属の上司に行う。

③　急な体調不良で休むことも想定しておく。

④　休暇を取得しても周りに迷惑が掛からないよう準備しておく。

―――――――――――――016―――――――――――――

仕事上でミスやクレームを受けたときの対応として不適切なものは、次のうちのどれですか。

① 納得いくまで相手と話し合いを重ねる。
② すぐに上司や関係者に報告する。
③ 相手に誠意をもって謝罪する。
④ 最善策を上司と相談する。

解答欄

―――――――――――――017―――――――――――――

（　　　）に入る適切な言葉は、次のうちのどれですか。
「ビジネスパーソンに求められる最も基本的な姿勢は、組織の（　　　）を理解し、目標達成に貢献しようとする姿勢である。」

① 基本理念
② 損益分岐点
③ 沿革
④ 福利厚生

解答欄

―――――――――――――018―――――――――――――

ビジネスの場面における基本的な心がけとして不適切なものは、次のうちのどれですか。

① 顧客意識
② 目標意識
③ 規律意識
④ 潜在意識

解答欄

―――――――――――――019―――――――――――――

解答欄

（　　　）に入る適切な言葉は、次のうちのどれですか。
「ビジネスでは、商品やサービスを提供する側の都合を優先させない姿勢が大切で、これを（　　　）意識という。」

① 原価
② 民主
③ 顧客
④ 財貨

―――――――――――――020―――――――――――――

解答欄

目標意識をもって働くことのメリットについて述べたもののうち不適切なものは、次のうちのどれですか。

① 特定の仕事についてのスキルが上がる。
② 仕事の目的や背景に考えが及ぶ。
③ 目標設定や自分なりの工夫が生まれる。
④ 独自のノウハウが蓄積できる。

―――――――――――――021―――――――――――――

解答欄

（　　　）に入る適切な言葉は、次のうちのどれですか。
「仕事を進める上で公正・公平であることを理解し、社会常識や職場のルールを守ろうとする姿勢を、（　　　）意識という。」

① 規範
② 倫理
③ 帰属
④ 規律

―――――――――――――022―――――――――――――

解答欄

仕事を締め切り間に合わせるための心がまえとして不適切なものは、次のうちのどれですか。

①　しっかり計画を立てる。

②　時間を無駄にしない。

③　手際よく仕事を進める。

④　残業をしてでも仕事を翌日まで持ち越さない。

―――――――――――――023―――――――――――――

解答欄

（　　　）に入る適切な言葉は、次のうちのどれですか。

「限られた時間で効率よく仕事を進める『時間意識』をもつことは、企業の（　　　）削減につながる。」

①　リスク

②　ダスト

③　コスト

④　タスク

―――――――――――――024―――――――――――――

解答欄

（　　　）に入る適切な言葉は、次のうちのどれですか。

「顧客のニーズにこたえるだけではなく、常にレベルの高い仕事を追求する姿勢を（　　）意識と言う。」

①　品質

②　改革

③　探求

④　上昇

03　ビジネスコミュニケーション

――――――――――025――――――――――

解答欄

人間関係づくりの基本姿勢として不適切なものは、次のうちのどれですか。

① 相手を受け入れる姿勢
② 相手を知ろうと努力する姿勢
③ 相手の良いところを見る姿勢
④ 服装や持ち物から判断する姿勢

――――――――――026――――――――――

解答欄

良い人間関係を築くためのポイントのうち不適切なものは、次のうちのどれですか。

① 相手の社会的地位から人柄を理解する。
② 相手に対して先入観をもたない。
③ 相手の良いところに注目する。
④ 積極的に自分から人間関係を築く努力をする。

――――――――――027――――――――――

解答欄

コミュニケーションに例えられるスポーツの動作で適切なものは、次のうちのどれですか。

① スローイン
② キャッチボール
③ フリースロー
④ ブロック

―――――――――――――028―――――――――――――

ビジネスにおける情報交換のコミュニケーションとして不適切なものは、次のうちのどれですか。

①　とにかく短時間で伝える。
②　相手の立場になって伝える。
③　相手に正しく伝える。
④　相手の気持ちをくみ取る。

解答欄

―――――――――――――029―――――――――――――

（　　　）に入る適切な言葉は、次のうちのどれですか。

「立場の異なる相手と良好な関係を構築するために最も大切なことは、相手を（　　）ことです。」

①　憐れむ
②　思いやる
③　喜ばせる
④　蔑む

解答欄

―――――――――――――030―――――――――――――

上司とのコミュニケーションで大切なポイントのうち不適切なものは、次のうちのどれですか。

①　価値観の違いは気にしない。
②　敬意をもって接する。
③　素直にアドバイスを聞き入れる。
④　指示の意図をしっかりつかむ。

解答欄

―――――――――――031―――――――――――

解答欄

後輩とのコミュニケーションで大切なポイントのうち不適切なものは、次のうちのどれですか。

①　意見を頭ごなしに否定しない。

②　公私にわたって親しくかかわる。

③　困っているようなら進んでサポートする。

④　自分のやり方を一方的に押し付けない。

―――――――――――032―――――――――――

解答欄

正しい話の話し方として不適切なものは、次のうちのどれですか。

①　感想や自分なりの憶測をしっかり話す。

②　相手が聞きやすいスピードで話す。

③　笑顔で相手の目を見て話す。

④　間違いやすい表現は言い換える。

―――――――――――033―――――――――――

解答欄

効果的なコミュニケーションをとるために必要な正しい聞き方として不適切なものは、次のうちのどれですか。

①　聞いてもわからなかったことは慎重に憶測する。

②　反論があるときもまずは最後まで聞く。

③　必要な事項は正確にメモを取る。

④　先入観を持たず、受け入れる姿勢で聞く。

―――――――――――――034―――――――――――――

職場における報告のルールとして不適切なものは、次のうちのどれですか。

① 指示を受けた上司に報告する。
② 悪い報告よりよい報告を優先する。
③ 緊急性の高い内容から報告する。
④ まずは結論を話し、必要に応じて経緯を伝える。

解答欄

―――――――――――――035―――――――――――――

ビジネスシーンにおける連絡のうち、メールで行う方が「効果的でない」ものは、次のうちのどれですか。

① 正確に伝えたいとき
② 記録として残したいとき
③ 急いで返事をもらいたい伝達事項があるとき
④ 多くの相手に一度に連絡したいとき

解答欄

―――――――――――――036―――――――――――――

問題解決のために相談を行う上で不適切なものは、次のうちのどれですか。

① 解決策を相手に丸投げせず、自身の意見も伝える。
② 仕事内容を理解している人を選んで相談する。
③ 機密事項が漏洩しないよう配慮する。
④ 客観的な意見をもらうために社外の人に相談する。

解答欄

04　学ぶ立場から考えるマナー

―――――――――――――037―――――――――――――

解答欄

学校という組織でもマナーが重要視される理由として不適切なものは、次のうちのどれですか。

① 学生は支えられる立場のため、学校の規則には従うべきだから。
② 1人の無責任な行動が、学校のマイナスイメージにつながってしまうから。
③ 学びたい仲間の邪魔をするような行為は避けるべきだから。
④ 社会に出るための助走期間を充実したものにしていくことが大切だから。

―――――――――――――038―――――――――――――

解答欄

（　　　）に入る言葉の組み合わせで適切なものは、次のうちのどれですか。

「学ぶことは（　　）であるから、一人ひとりの（　　）が尊重されるように、互いが精力的に学べるようにする必要がある。」

① 特典
② 自然
③ 義務
④ 権利

―――――――――――――039―――――――――――――

解答欄

（　　　）に入る言葉で適切なものは、次のうちのどれですか。

「親しき仲にも（　　）あり」

① 敬意
② 礼儀
③ 尊敬
④ 恩義

―――――――――――――040―――――――――――――

人との関わりの中で心がけることの組み合わせとして不適切なものは、次のうちのどれですか。

① 教職員＝礼も過ぎれば無礼となる
② 友　人＝よきライバルとして影響し合う
③ 先　輩＝教えてもらうという謙虚な姿勢
④ 後　輩＝威圧的な態度で接しない

解答欄

―――――――――――――041―――――――――――――

学校生活でさまざまな人間関係を構築するうえで必要なマナーとして適切なものは、次のうちのどれですか。

① 気の合わないクラスメートとは、あまり無理して付き合う必要はない。
② クラスメートは学ぶ場ではよきライバルとして、距離をとって接する。
③ 後輩には、上の立場から威圧的な態度で接する。
④ 先生には敬意をもって接する。

解答欄

―――――――――――――042―――――――――――――

学校でのマナー違反でないものは、次のうちのどれですか。

① 学校の備品を勝手に持ち出す。
② 自分の机の中にごみを入れておく。
③ 共有のものは使ったら元の場所に戻す。
④ トイレの洗面台を水浸しにする。

解答欄

―――――――――――――――043―――――――――――――――

学校でのマナー違反でないものは、次のうちのどれですか。

① 授業中に携帯電話を鳴らす。

② ロッカーの中をぐちゃぐちゃにして使う。

③ 授業中に勝手に離席する。

④ 来校者に進んで挨拶する。

解答欄

―――――――――――――――044―――――――――――――――

学校内での良識行動といえないものは、次のうちのどれですか。

① 制服を適切に着用する。

② お客様にきちんと挨拶する。

③ 廊下を走る。

④ 学ぶ場にふさわしい髪型に整える。

解答欄

―――――――――――――――045―――――――――――――――

公共の場でのマナーとして適切なものは、次のうちのどれですか。

① スマートフォンから音楽やゲーム音が漏れている。

② 混雑した街中でアイスクリームを食べる。

③ 店の前でしゃがみこんで話をする。

④ 電車で困っている人に座席を譲る。

解答欄

―――――――――――――046―――――――――――――

解答欄

交通機関など公共の場面でのマナーとして不適切なものは、次のうちのどれですか。

①　車内が空いているときは、メイクや食事の時間に充てる。
②　順番を守って乗り降りする。
③　混みあっているときはリュックは前に抱える。
④　携帯電話での通話は避ける。

―――――――――――――047―――――――――――――

解答欄

公共の場で思いやる行動を積極的にとることは、直接的ではなくともあなたのプラスになりますが、そのような考え方を述べた言葉は、次のうちのどれですか。

①　因果応報
②　情けは人のためならず
③　覆水盆に返らず
④　案ずるより産むがやすし

―――――――――――――048―――――――――――――

解答欄

地球の一員として気をつけたいこととして不適切なものは、次のうちのどれですか。

①　プラスティックストローを積極的に使う。
②　ごみを適切に分別する。
③　レジ袋削減に取り組む。
④　マイボトルを活用する。

01　身だしなみ

―――――――――――――049―――――――――――――

解答欄

ビジネスの場で身だしなみを整える理由として不適切なものは、次のうちのどれですか。

① 人は初対面の際の印象を２秒以内に決定しているといわれているから。

② 印象を変えるには相当の時間と労力を費やさなければならないから。

③ 個人が与えた印象が所属する組織そのものの印象として受けとられがちだから。

④ 頭髪や衣服を整え、態度をきちんとすると、契約の成約率が２倍になるから。

―――――――――――――050―――――――――――――

解答欄

信頼される身だしなみの要素のうち不適切なものは、次のうちのどれですか。

① 清潔感

② 上品・控え目

③ 機能性

④ 流行の最先端

―――――――――――――051―――――――――――――

解答欄

身だしなみにおける「清潔感」の要素のうち不適切なものは、次のうちのどれですか。

① 汚れやしわがないこと

② 個性を発揮できること

③ だらしなくないこと

④ サイズが合っていること

052

解答欄

ビジネスにおける身だしなみで「上品」として不適切なものは、次のうちのどれですか。

① 職場のイメージに合っていること
② どのような人からも好感をもってもらえること
③ 流行をさりげなく取り入れること
④ 高価で華やかであること

053

解答欄

職場における身だしなみに必要な要素として不適切なものは、次のうちのどれですか。

① 信頼につながる高価な服装であること
② 作業中に袖や装飾が引っかからないこと
③ 自分の体型に合っていること
④ 動きやすい服装であること

054

解答欄

ビジネスシーンでスーツを着用するときに大切な要素として不適切なものは、次のうちのどれですか。

① ジャストサイズである。
② 高級感がある。
③ 襟や袖口に汚れがない。
④ しわやほころびが、ボタンの欠落などがない。

―――――――――――――055―――――――――――――

解答欄

ビジネスシーンで持ち物をそろえるとき、気を付けるべき点として不適切なものは、次のうちのどれですか。

①　機能性を重視すること

②　カジュアルすぎる色やデザインでないこと

③　キャラクターのついたものであること

④　汚れや傷がないように手入れすること

―――――――――――――056―――――――――――――

解答欄

ビジネスパーソンの持ち物とその説明で不適切なものは、次のうちのどれですか。

①　名刺＝名刺入れに入れて携帯する。

②　手帳＝タブレットなどのモバイルギアで管理してもよい。

③　時計＝スマートフォンで代用してもよい。

④　ビジネスバッグ＝Ａ４サイズの書類が入るもの。

―――――――――――――057―――――――――――――

解答欄

TPO の要素のうち不適切なものは、次のうちのどれですか。

①　季節感

②　時間帯

③　場所

④　場面

058

解答欄

オフィスカジュアルとして一般的に避けるべきものとされていないものは、次のうちのどれですか。

① 今年流行しているシャツ
② 半ズボン
③ 露出が激しすぎるもの
④ 仕事に邪魔になるアクセサリー

059

解答欄

暑い時期に冷房を控えめにするため服装を工夫する取り組みは、次のうちのどれですか。

① ウォームビズ
② クールビズ
③ サマービズ
④ オフィスビズ

060

解答欄

寒い時期に暖房を控えめにするため服装を工夫する取り組みは、次のうちのどれですか。

① ウォームビズ
② クールビズ
③ サマービズ
④ ウィンタービズ

02　挨拶と立ち居振る舞い

―――――――――――――061―――――――――――――

解答欄

挨拶の要素として不適切なものは、次のうちのどれですか。

①　表情や声の大きさ

②　話すスピードや滑らかさ

③　ジャスチャー

④　上から目線

―――――――――――――062―――――――――――――

解答欄

コミュニケーションの基本となる挨拶についてのポイントとして不適切なものは、次のうちのどれですか。

①　アイコンタクトをして、声をかけているという「心」を伝える。

②　笑顔で心を込めて挨拶する。

③　利害関係者にしぼって挨拶する。

④　挨拶言葉の後に、差し障りのない会話をする。

―――――――――――――063―――――――――――――

解答欄

職場での挨拶用語のうち適切なものは、次のうちのどれですか。

①　用事を頼まれたときに「承知いたしました」

②　上司をねぎらうときに「ご苦労様です」

③　上司から指示を受けたときに「了解いたしました」

④　上司に食事をごちそうになったときに「普通においしかったです」

―――――――――――――064―――――――――――――

解答欄

美しい立ち姿勢のポイントとして不適切なものは、次のうちのどれですか。

①　背筋を伸ばして軽く胸を張る。
②　あごを引いて視線を正面に向ける。
③　ひじを張り、両手の指先を揃え身体の中央で重ねる。
④　ひざを閉じ、左右のかかとをつけて、つま先を自然に開く。

―――――――――――――065―――――――――――――

解答欄

緊張感のある美しい座り方のポイントとして適切なものは、次のうちのどれですか。

①　足を組んでぶらぶらさせる。
②　背中を丸めてあごを突き出す。
③　浅く腰かけて背もたれに寄りかかる。
④　男性は両手をひざの上で軽く握り、ひざを自然に開く。

―――――――――――――066―――――――――――――

解答欄

感じの良い歩き方のポイントとして不適切なものは、次のうちのどれですか。

①　視線を正面に向ける。
②　足を引きづらない。
③　大きな靴音を響かせない。
④　腕は体に沿わせて動かさない。

―――――――――――――067―――――――――――――

解答欄

書類を手にして歩くときの注意点として不適切なものは、次のうちのどれですか。

① 周りの人から書類を運んでいることが分かるように持つ。
② 書類の内容が他の人に見えないように持つ。
③ 書類を見ながら歩かない。
④ できれば書類を封筒などに入れて持ち運ぶ。

―――――――――――――068―――――――――――――

解答欄

ビジネスの場面で避けるべき態度やふるまいについて述べたもののうち「不適切でない」ものは、次のうちのどれですか。

① ペンを貸すときは、相手が使いやすい向きにして渡す。
② 場所を指すときは、右手の人差し指で明確に示す。
③ 話を聞くときは机に肘をついて、あごを載せる。
④ 上司に声をかけられたら首だけ向けて、座ったまま話を聞く。

―――――――――――――069―――――――――――――

解答欄

挨拶言葉をかけてから頭を下げる礼は、次のうちのどれですか。

① 同時礼
② 分離礼
③ 最敬礼
④ 一同礼

―――――――――――――070―――――――――――――

解答欄

美しいお辞儀のポイントとして不適切なものは、次のうちのどれですか。

① 指先を揃える。
② 首だけをゆっくり下げる。
③ 背筋を伸ばして姿勢を正す。
④ 何度もぺこぺこしない。

―――――――――――――071―――――――――――――

解答欄

次の場面に合わせたお辞儀の説明で適切なものは、次のうちのどれですか。
「お客様の送迎や訪問先で挨拶するときに行われる、ビジネスで最も多く用いられるお辞儀」

① 目礼
② 会釈
③ 敬礼
④ 最敬礼

―――――――――――――072―――――――――――――

解答欄

会釈を効果的に使う場面として不適切なものは、次のうちのどれですか。

① 来客を見送るとき
② 人とすれ違うとき
③ 人の前を通るとき
④ お茶を出されたとき

03　敬語と言葉遣い

―――――――――――――073―――――――――――――

解答欄

敬語がビジネスシーンで重要である理由のうち不適切なものは、次のうちのどれですか。

① 自分の地位が低いと相手に思われてしまうから。
② 社会人として常識を疑われかねないから。
③ 相手を不愉快にしてしまうから。
④ 意図とは異なった受け取られ方をされる可能性があるから。

―――――――――――――074―――――――――――――

解答欄

敬語の重要性に関する文で（　　）に入る適切なものは、次のうちのどれですか。

「相手を笑顔にする言葉を適切に（　　）うことが、あなたの評価にもつながる。」

① 遣
② 違
③ 遺
④ 達

―――――――――――――075―――――――――――――

解答欄

敬語がビジネスシーンで重要である理由のうち不適切なものは、次のうちのどれですか。

① 相手を敬う気持ちを伝えるため
② 自身を謙遜する姿勢を示すため
③ 相手と自分の立場を明確にするため
④ 身分の上下を周囲に理解してもらうため

———————————076———————————

解答欄

目上の人に対して使う挨拶言葉で不適切なものは、次のうちのどれですか。

① ご苦労さまでした
② おはようございます
③ ありがとうございます
④ お先に失礼します

———————————077———————————

解答欄

目上の人に対して使う挨拶言葉で「不適切でない」ものは、次のうちのどれですか。

① 参考になりました
② 勉強になりました
③ 了解しました
④ 了解です

———————————078———————————

解答欄

自身を謙遜する言葉で適切なものは、次のうちのどれですか。

① とんでもありません
② どんでもございません
③ とんでもないです
④ とんでもないことです

―――――――――――――079―――――――――――――

解答欄

敬語の種類で不適切なものは、次のうちのどれですか。

① 尊敬語

② 謙譲語

③ 丁寧語

④ 主語

―――――――――――――080―――――――――――――

解答欄

来客から上司について聞かれたときの言葉として適切なものは、次のうちのどれですか。

① 部長の山田は帰宅しました。

② 山田部長は帰宅しました。

③ 部長さんは帰宅しました。

④ 部長の山田は帰宅なさいました。

―――――――――――――081―――――――――――――

解答欄

敬語の使い方として適切なものは、次のうちのどれですか。

① ご使用になった食器はこちらまでお戻しください。

② おタバコはお吸いになられますか。

③ ネクタイが曲がっていらっしゃいます。

④ 社長のお宅で、犬がお生まれになったそうです。

082

謙譲表現で適切なものは、次のうちのどれですか。

① 客が言った→お客様が申された。
② 客が来た→お客様が参りました。
③ 食事を食べる→食事を召し上がる。
④ 資料を見ました→資料を拝見しました。

解答欄

083

以下の美化語で適切なものは、次のうちのどれですか。

① 当社のご住所
② おコーヒー
③ お料理
④ ご時間

解答欄

084

次の呼称の組み合わせ（普通の表現：尊称）で不適切なものは、次のうちのどれですか。

① 息子：ご子息
② 企業：弊社
③ 誰：どちら様
④ 役職者：○○部長

解答欄

04　電話応対

―――――――――――――085―――――――――――――

解答欄

電話でのコミュニケーションの特徴について述べたものの組み合わせで適切なものは、次のうちのどれですか。

①　双方向性と即時性

②　緊急性と記録性

③　正確性と迅速性

④　簡潔性と親密性

―――――――――――――086―――――――――――――

解答欄

電話会話のマナーで不適切なものは、次のうちのどれですか。

①　なるべく端的な専門用語で迅速に伝えること

②　口をしっかり開けて聞き取りやすい発音を心がけること

③　背筋を伸ばして話すこと

④　電話を受けることが出来る状態か確認してから用件を話すこと

―――――――――――――087―――――――――――――

解答欄

外線電話を受けて用件を聞くときのマナーで不適切なものは、次のうちのどれですか。

①　同音異義語のある漢字の言葉や省略表現はできるだけ避ける。

②　専門用語など、共通理解のある言葉を使う。

③　数字を伝えるときは、7（シチ）を「ナナ」と言うようにする。

④　日時、名前、電話番号は復唱して確認する。

088

解答欄

電話をかける時間帯で「不適切でない」ものは、次のうちのどれですか。

①　始業時間前後

②　週明けの午前中

③　会議が多く行われる時間帯

④　終業時間直前

089

解答欄

電話をかける際にすべきことで不適切なものは、次のうちのどれですか。

①　相手が出たら、まずこちらから企業名と氏名を名乗る。

②　名指し人が出たら、今話ができる時間的な余裕があるかを確認する。

③　５Ｗ３Ｈに沿って簡潔に用件を伝える。

④　用件が正しく伝わったかを確認するため、相手に用件を復唱してもらう。

090

解答欄

電話の受け方のマナーとして適切なものは、次のうちのどれですか。

①　外部からの電話には「もしもし、○○でございます」と企業名を名乗る。

②　コール音が 10 回以上鳴ってから出る場合は、「お待たせいたしました」という。

③　相手が名乗ったら、「こちらこそいつもお世話になっております」と応える。

④　用件が終わったら、電話を受けたこちら側から電話を切る。

―――――――――――――091―――――――――――――

電話で用件を伝える際の５Ｗ３Ｈで不適切なものは、次のうちのどれですか。

①　HOW＝いくらで
②　WHAT＝何を
③　WHEN＝いつまでに
④　WHO＝誰に伝える内容なのか

解答欄

―――――――――――――092―――――――――――――

職場にかかってきた電話を担当者に取り次ぐときのマナーで不適切なものは、次のうちのどれですか。

①　取り次ぎに時間がかかりそうなときは、もう一度かけ直してほしいと伝える。
②　取り次ぐ前に相手が用件を伝えてきた場合は、名指し人にその内容を伝えておく。
③　名指し人が席にいてもいなくても、一旦電話を保留にする。
④　名指し人が席を外しているときは「あいにくですが、ただいま席を外しております」と伝える。

解答欄

―――――――――――――093―――――――――――――

名指し人が不在時の電話の取り次ぎ方で不適切なものは、次のうちのどれですか。

①　会議や打ち合わせなど、名指し人不在の理由がわかるときは、理由と終了予定時間を伝える。
②　名指し人が休みの場合は、次の出社予定日を伝える。
③　名指し人が外出の場合は、外出している旨と戻りの予定時刻を伝える。
④　名指し人が出張の場合は、出張先の連絡先を伝える。

解答欄

―――――――――――――094―――――――――――――

解答欄

伝言メモを書く上での注意点として不適切なものは、次のうちのどれですか。

① 相手の会社名、氏名、電話番号を記入する。
② 「折り返し電話が欲しい」「伝言を伝えてほしい」「またかけ直してくれる」など、相手の判断や希望を記入する。
③ 伝言を受けた日時や自分の名前を記入する。
④ 伝言メモは、名指し人が戻ったら直接手渡す。

―――――――――――――095―――――――――――――

解答欄

場面に合わせた伝え方として不適切なものは、次のうちのどれですか。

① 電話の声が聞き取りにくかったので「お電話が少し遠いようですが」と言った。
② 相手が社名や氏名を言わなかったので「失礼ですが、どちら様でしょうか」と言った。
③ 相手の名指しに該当する名字の人が複数いたので「フルネームをご存じでしょうか」と言った。
④ 不在の名指し人の連絡先電話番号を教えてほしいと言われたので「携帯電話の番号を申し上げます」と言い、伝えた。

―――――――――――――096―――――――――――――

解答欄

携帯電話のマナーで不適切なものは、次のうちのどれですか。

① 電波状態の悪いところで電話をかけたときは、「途中で切れてしまうかもしれない」と断ってから話を始める。
② 騒がしい場所で電話を受けた場合は、「○分後にこちらからおかけします」と伝える。
③ 留守番電話のアナウンスが流れたら、簡潔に用件を残す。
④ 電車の乗車時や会議中などは、電源を切るかマナーモードを活用する。

05　ビジネスメール

――――――――――――――097――――――――――――――

解答欄

ビジネスメールのデメリットとして不適切なものは、次のうちのどれですか。

① 相手が受信したかわからない
② 相手が読んだかわからない
③ 相手の時間を奪ってしまう
④ 読んでもらうための工夫が必要

――――――――――――――098――――――――――――――

解答欄

ビジネスメールの利便性として不適切なものは、次のうちのどれですか。

① 簡便性が高い
② コストが高い
③ データの共有量が多い
④ 記録として残せる

――――――――――――――099――――――――――――――

解答欄

メールの簡便性の説明として不適切なものは、次のうちのどれですか。

① 相手の時間を確保する必要がない。
② 簡単な操作で相手に即時送信できる。
③ 発送や輸送の時間が省ける。
④ 情報漏洩のリスクがない。

―――――――――――――100―――――――――――――

メールの注意点として適切でないものは、次のうちのどれですか。

① 緊急の用件には向かない。

② 誤送信・情報漏洩の危険がある。

③ 感情が伝わりにくい。

④ 長期保存ができない。

解答欄

―――――――――――――101―――――――――――――

メールでのコミュニケーションで適切なものは、次のうちのどれですか。

① 報告

② 謝罪

③ お悔み

④ 見舞い

解答欄

―――――――――――――102―――――――――――――

メールを複数人に送信する際に各自のメールアドレスを知られないようにするためにメールアドレスを入力する欄で適切なものは、次のうちのどれですか。

① Acc

② Bcc

③ Dcc

④ ECC

解答欄

103

解答欄

メールを速やかに受け手に開封してもらえるような件名の例として適切なものは、次のうちのどれですか。

①　ご連絡

②　人事の山本です

③　質問です

④　インターンシップの御礼【○○大学鈴木です。】

104

解答欄

ビジネスメールの構成として適切なものは、次のうちのどれですか。

①　名指人の所属、氏名は最初に右詰め１行で入れる。

②　本文はすべて左詰めにする。

③　なるべく長文で、丁寧な説明を心がける。

④　署名は右詰めにする。

105

解答欄

メール本文に記載する１行の文字数で適切なものは、次のうちのどれですか。

①　10 文字以内

②　25～30 文字

③　40～50 文字

④　100～120 文字

―――――――――――106―――――――――――

ビジネスメールの署名に入れておくとよい内容として不適切なものは、次のうちのどれですか。

①　連絡先と、都合のつきやすい時間帯

②　所属と氏名、氏名のフリガナ

③　会社名と会社の所在地

④　自身のメールアドレスと電話番号

解答欄

―――――――――――107―――――――――――

メールの返信のマナーで不適切なものは、次のうちのどれですか。

①　件名は変えない。

②　あて先はメールの発信者名にする。

③　メールに対する礼の言葉を伝える。

④　相手方の送信内容に対する回答は控える。

解答欄

―――――――――――108―――――――――――

メールを転送する際に件名の冒頭に自動付与される文字で適切なものは、次のうちのどれですか。

①　Re:

②　Fwd:

③　To:

④　Bcc:

解答欄

06　ビジネス文書

―――――――――――109―――――――――――

ビジネス文書の目的として不適切なものは、次のうちのどれですか。

① 商業上の取引においては、取引の内容を文書にすることが一般的であるため。
② 議事録など、記録として残すため。
③ 常に最新の情報を更新しながら、相互に共有できるため。
④ 正確性が求められるデータを確実に伝えるため。

解答欄

―――――――――――110―――――――――――

ビジネス文書のうち社内文書でないものは、次のうちのどれですか。

① 稟議書
② 見積書
③ 報告書
④ 企画書

解答欄

―――――――――――111―――――――――――

ビジネス文書のうち社外文書でないものは、次のうちのどれですか。

① 契約書
② 見積書
③ 督促状
④ 指示書

解答欄

人間関係を良好に保ち仕事を円滑に進める

ビジネスマナー検定 準2級 解答編

［インターンシップレベル］

株式会社英光社

1　ビジネス一般に必要な態度

01　ビジネスパーソンとして大切なこと

001：①（テキスト P.12）
002：③（テキスト P.12）
003：①（テキスト P.13）
004：①（テキスト P.13）
005：①（テキスト P.13）
006：①（テキスト P.14）
007：④（テキスト P.15）
008：③（テキスト P.16）
009：②（テキスト P.16）
010：③（テキスト P.16）
011：②（テキスト P.16）
012：②（テキスト P.17）

02　仕事の進め方の基本

013：①（テキスト P.18）
014：①（テキスト P.19）
015：①（テキスト P.20）
016：①（テキスト P.20）
017：①（テキスト P.21）
018：④（テキスト P.21）
019：③（テキスト P.21）
020：①（テキスト P.21）
021：④（テキスト P.22）
022：④（テキスト P.22）
023：③（テキスト P.22）
024：①（テキスト P.23）

03　ビジネスコミュニケーション

025：④（テキスト P.24）
026：①（テキスト P.24）
027：②（テキスト P.25）
028：①（テキスト P.25）
029：②（テキスト P.25）
030：①（テキスト P.26）
031：②（テキスト P.26）
032：①（テキスト P.27）
033：①（テキスト P.27）
034：②（テキスト P.28）
035：③（テキスト P.29）
036：④（テキスト P.29）

04　学ぶ立場から考えるマナー

037：①（テキスト P.30）
038：④（テキスト P.31）
039：②（テキスト P.31）
040：①（テキスト P.31）
041：④（テキスト P.31）
042：③（テキスト P.32）
043：④（テキスト P.32）
044：③（テキスト P.32）
045：④（テキスト P.33）
046：①（テキスト P.33）
047：②（テキスト P.34）
048：①（テキスト P.34）

2　ビジネスマナーの技能

01　身だしなみ

049：④（テキスト P.36）
050：④（テキスト P.37）
051：②（テキスト P.37）
052：④（テキスト P.37）
053：①（テキスト P.37）
054：②（テキスト P.38）
055：③（テキスト P.40）
056：③（テキスト P.40）
057：①（テキスト P.41）
058：①（テキスト P.41）
059：②（テキスト P.41）
060：①（テキスト P.41）

02　挨拶と立ち居振る舞い

061：④（テキスト P.42）
062：③（テキスト P.42）
063：①（テキスト P.44）
064：③（テキスト P.46）
065：④（テキスト P.46）
066：④（テキスト P.47）
067：①（テキスト P.47）
068：①（テキスト P.48）
069：②（テキスト P.49）
070：②（テキスト P.49）
071：③（テキスト P.50）
072：①（テキスト P.50）

03　敬語と言葉遣い

073：①（テキスト P.51）
074：①（テキスト P.51）
075：④（テキスト P.51）
076：①（テキスト P.52）
077：②（テキスト P.52）
078：④（テキスト P.52）
079：④（テキスト P.53）
080：①（テキスト P.54）
081：①（テキスト P.55）
082：④（テキスト P.56）
083：③（テキスト P.56）
084：②（テキスト P.57）

04　電話応対

085：①（テキスト P.58）
086：①（テキスト P.58）
087：②（テキスト P.58）
088：③（テキスト P.59）
089：④（テキスト P.60）
090：③（テキスト P.61）
091：①（テキスト P.60）
092：①（テキスト P.63）
093：④（テキスト P.63）
094：④（テキスト P.65）
095：④（テキスト P.67）
096：①（テキスト P.68）

05　ビジネスメール

097：③（テキスト P.69）
098：②（テキスト P.69）
099：④（テキスト P.69）
100：④（テキスト P.70）
101：①（テキスト P.70）
102：②（テキスト P.71）
103：④（テキスト P.71）
104：②（テキスト P.72）
105：②（テキスト P.72）
106：①（テキスト P.73）
107：④（テキスト P.75）
108：②（テキスト P.75）

06　ビジネス文書

109：③（テキスト P.77）
110：②（テキスト P.78）
111：④（テキスト P.79）
112：③（テキスト P.82）
113：②（テキスト P.82）
114：④（テキスト P.82）
115：③（テキスト P.84）
116：④（テキスト P.84）
117：①（テキスト P.84）
118：④（テキスト P.85）
119：①（テキスト P.85）
120：④（テキスト P.87）

07　訪問

121：①（テキスト P.88）
122：①（テキスト P.88）
123：④（テキスト P.88）
124：①（テキスト P.89）
125：①（テキスト P.90）
126：④（テキスト P.90）
127：①（テキスト P.90）
128：②（テキスト P.91）
129：①（テキスト P.91）
130：②（テキスト P.92）
131：④（テキスト P.92）
132：④（テキスト P.95）

08　来客応対

133：①（テキスト P.97）
134：③（テキスト P.97）
135：④（テキスト P.97）
136：①（テキスト P.98）
137：①（テキスト P.99）
138：①（テキスト P.100）
139：①（テキスト P.101）
140：③（テキスト P.103）
141：④（テキスト P.104）
142：②（テキスト P.105）
143：①（テキスト P.106）
144：①（テキスト P.106）

模擬試験／第 1 回

問題 01：①
問題 02：①
問題 03：①
問題 04：④
問題 05：②
問題 06：①
問題 07：①
問題 08：①
問題 09：③
問題 10：④
問題 11：④
問題 12：②
問題 13：②
問題 14：②
問題 15：①

問題 16：①
問題 17：①
問題 18：④
問題 19：④
問題 20：④
問題 21：④
問題 22：②
問題 23：①
問題 24：③
問題 25：①
問題 26：④
問題 27：①
問題 28：④
問題 29：①
問題 30：②

問題 31：①
問題 32：④
問題 33：②
問題 34：④
問題 35：①
問題 36：①
問題 37：②
問題 38：④
問題 39：③
問題 40：④
問題 41：③
問題 42：④
問題 43：①
問題 44：④
問題 45：②

問題 46：③
問題 47：④
問題 48：②
問題 49：③
問題 50：①
問題 51：①
問題 52：④
問題 53：①
問題 54：①
問題 55：①
問題 56：①
問題 57：④
問題 58：①
問題 59：①
問題 60：④

模擬試験／第 2 回

問題 01：③
問題 02：①
問題 03：①
問題 04：③
問題 05：③
問題 06：①
問題 07：①
問題 08：④
問題 09：①
問題 10：④
問題 11：①
問題 12：①
問題 13：①
問題 14：①
問題 15：②

問題 16：④
問題 17：②
問題 18：③
問題 19：③
問題 20：①
問題 21：④
問題 22：④
問題 23：②
問題 24：③
問題 25：①
問題 26：③
問題 27：③
問題 28：④
問題 29：①
問題 30：②

問題 31：①
問題 32：①
問題 33：④
問題 34：①
問題 35：④
問題 36：①
問題 37：③
問題 38：①
問題 39：①
問題 40：④
問題 41：②
問題 42：④
問題 43：②
問題 44：②
問題 45：①

問題 46：②
問題 47：③
問題 48：④
問題 49：④
問題 50：④
問題 51：①
問題 52：①
問題 53：④
問題 54：②
問題 55：②
問題 56：③
問題 57：①
問題 58：①
問題 59：③
問題 60：②

模擬試験／第３回

問題 01：①	問題 16：①	問題 31：①	問題 46：③
問題 02：①	問題 17：②	問題 32：②	問題 47：④
問題 03：①	問題 18：④	問題 33：①	問題 48：③
問題 04：②	問題 19：②	問題 34：③	問題 49：①
問題 05：②	問題 20：①	問題 35：②	問題 50：④
問題 06：①	問題 21：④	問題 36：①	問題 51：①
問題 07：①	問題 22：①	問題 37：③	問題 52：④
問題 08：③	問題 23：③	問題 38：①	問題 53：①
問題 09：③	問題 24：②	問題 39：④	問題 54：④
問題 10：①	問題 25：①	問題 40：①	問題 55：④
問題 11：④	問題 26：④	問題 41：③	問題 56：①
問題 12：①	問題 27：③	問題 42：②	問題 57：①
問題 13：①	問題 28：①	問題 43：②	問題 58：①
問題 14：③	問題 29：②	問題 44：④	問題 59：②
問題 15：④	問題 30：①	問題 45：②	問題 60：①

EIKOSHA

―――――――――――――112―――――――――――――

解答欄

文書作成の基本として不適切なものは、次のうちのどれですか。

①　迅速に作成する

②　基本的なフォーマットを使う

③　冗長に書く

④　５Ｗ３Ｈに沿って書く

―――――――――――――113―――――――――――――

解答欄

社内文書作成の際の注意点として不適切なものは、次のうちのどれですか。

①　Ａ４サイズの用紙を使う。

②　頭語と結語をつける。

③　文体を「です・ます」調で揃える。

④　箇条書きを使う。

―――――――――――――114―――――――――――――

解答欄

社外文書作成のポイントとして不適切なものは、次のうちのどれですか。

①　前付＋本文＋付記で構成する。

②　前付には、文書番号・日付・受信者名・発信者名を書く。

③　前付けに続き、件名を書く。

④　前文は、頭語＋時候の挨拶＋結語で構成する。

―――――――――――――115―――――――――――――

解答欄

頭語と結語の組み合わせで不適切なものは、次のうちのどれですか。

①　拝啓＝敬具

②　謹啓＝敬白

③　拝復＝敬復

④　前略＝草々

―――――――――――――116―――――――――――――

解答欄

社外文書の時候の挨拶で不適切なものは、次のうちのどれですか。

①　1月＝迎春

②　4月＝陽春

③　7月＝盛夏

④　10月＝晩秋

―――――――――――――117―――――――――――――

解答欄

社外文書の時候の挨拶で不適切なものは、次のうちのどれですか。

①　2月＝早春

②　5月＝新緑

③　8月＝残暑

④　11月＝晩秋

118

解答欄

ビジネス文書の前文に書く日頃の御礼として使われる言葉の組み合わせで不適切なものは、次のうちのどれですか。

① 企業あて：ご隆盛
② 企業あて：ご繁栄
③ 個人あて：ご清祥
④ 個人あて：ご発展

119

解答欄

書類を送る際の文書に書く表現で、「確認して受け取ってほしい」の意味で適切なものは、次のうちのどれですか。

① ご査収ください
② ご笑納ください
③ ご自愛ください
④ ご教示ください

120

解答欄

パーティーなどの招待状を受け取ったときの注意点として適切なものは、次のうちのどれですか。

① 返信期限ギリギリまで熟慮して返信する。
② 出席か欠席に○をし、○をしない方は「×」で消す。
③ 「ご芳名」とあったら、「ご」を二重線で消す。
④ 祝賀の言葉を書き添える。

07　訪問

―――――――――121―――――――――

解答欄

ビジネスの成功につながる訪問で不適切なものは、次のうちのどれですか。

①　相手に出向いてしっかりとした対応を見てもらい緊張感を与える。
②　相手の気持ちや求めていることを細かくくみ取り、信頼を得る。
③　相手企業に解決策を示しその発展を助ける。
④　顧客のニーズをヒアリングしてお勧めできる商品・サービスを提供する。

―――――――――122―――――――――

解答欄

面会予約の別の言い方で適切なものは、次のうちのどれですか。

①　アポイントメント
②　サプリメント
③　ドキュメント
④　コミットメント

―――――――――123―――――――――

解答欄

訪問のための面会予約を取るときの注意点で不適切なものは、次のうちのどれですか。

①　人数を伝える。
②　用件と所要時間を伝える。
③　相手の都合に合わせる。
④　１か月前に取る。

―――――――――――――124―――――――――――――

解答欄

初めて相手先を訪問するとき、事前に下調べしておくべきこととして不適切なものは、次のうちのどれですか。

① 担当者の人となりや家族構成

② 相手企業の経営方や主要商品

③ 最新の業界ニュース

④ 訪問先の所在地や移動方法

―――――――――――――125―――――――――――――

解答欄

コートを脱ぐタイミングで適切なものは、次のうちのどれですか。

① 建物に入る前

② 受付の前

③ 応接室の前

④ 応接室の中

―――――――――――――126―――――――――――――

解答欄

アポイントメントのある相手を訪問したときの受付での注意点として不適切なものは、次のうちのどれですか。

① 約束の5分から10分前に到着できるようにする。

② 建物に入る前にコートを脱ぐ。

③ 自分の氏名、訪問相手の氏名、約束の時間を伝える。

④ 受付担当者に商談内容を簡潔に伝える。

————————————127————————————

さまざまな場面での訪問のマナーで不適切なものは、次のうちのどれですか。

① 会議で取引先を訪問したときは、案内を断り自身で会議室に移動する。
② 来客用の ID カードなどを渡されたら、他の人から見えるように着用する。
③ 受付に担当者がいない企業を訪問するときは、備え付けの内線電話などで担当者を呼び出す。
④ 商談中は、相手に進められてから飲み物に口をつけるのがよい。

解答欄

————————————128————————————

ビジネスにおける訪問のマナーで不適切なものは、次のうちのどれですか。

① 案内された場所では下座で待つ。
② バッグや荷物は空いているいすやソファに置く。
③ 名刺入れを手元に準備しておく。
④ 書類の向きを相手側に向けて出せるよう準備する。

解答欄

————————————129————————————

名刺交換のマナーで不適切なものは、次のうちのどれですか。

① 訪問した側、目上の人から先に名刺を出して名乗る。
② 複数の相手と名刺交換する場合には、上位者から順に行う。
③ 名刺を相手側に向けて持ち、軽く会釈をしてから渡す。
④ 受け取るときは「ちょうだいします」と言って、両手で受け取る。

解答欄

―――――――――――――――130―――――――――――――――

名刺交換のマナーで不適切なものは、次のうちのどれですか。

① 名前の読み方がわからない場合は「どのようにお読みするのですか」と聞く。

② 受け取った名刺は、すぐにポケットにしまう。

③ 名刺を同時交換するときは、片手で自分の名刺を出しながら、もう一方の手で相手の名刺を受け取る。

④ 立って話をしている間は、名刺入れの上に相手の名刺を重ねておく。

解答欄

―――――――――――――――131―――――――――――――――

名刺交換の後のマナーで不適切なものは、次のうちのどれですか。

① 相手の名刺を持ったまま話をするときは、相手の氏名を指で隠さないようにする。

② 着席して商談が始まったら、一番目上の方の名刺を名刺入れの上に置き、他の人の名刺は座席順に並べる。

③ 商談中、書類を相手の名刺の上に重ねないように注意する。

④ 面談の内容を相手から受け取った名刺の裏にメモ書きする。

解答欄

―――――――――――――――132―――――――――――――――

社外での面談の注意事項として不適切なものは、次のうちのどれですか。

① 相手から受け取った名刺が周囲に見られぬよう、「失礼します」と断り名刺入れにしまう。

② 会話の内容が周囲に聞こえぬよう、声の大きさに注意する。

③ 相手が飲み物に口をつけてから、自分の飲み物を飲み始める。

④ 知り合いと出会う可能性もあるので、常に周囲に注意を配る。

解答欄

08　来客応対

―――――――――――――133―――――――――――――

解答欄

（　　　）に入る適切な言葉は、次のうちのどれですか。
「最初にあった人の印象が、その組織全体のイメージにつながってしまうことを（　　　）効果という」

①　初頭
②　冒頭
③　会頭
④　最頭

―――――――――――――134―――――――――――――

解答欄

来客応対の態度で不適切なものは、次のうちのどれですか。

①　誠意
②　親切
③　緩慢
④　丁寧

―――――――――――――135―――――――――――――

解答欄

来客と面談する場所として不適切なものは、次のうちのどれですか。

①　ロビーの打ち合わせコーナー
②　会議室
③　応接室
④　社員食堂

136

解答欄

来客を迎える準備として不適切なものは、次のうちのどれですか。

① 予定時間になったら飲み物を用意していつでも出せるようにしておく。
② 使用する資料や備品を揃えておく。
③ 冷暖房を適温に調整しておく。
④ 床にごみや汚れがない状態にしておく。

137

解答欄

来客受付の流れで不適切なものは、次のうちのどれですか。

① 来客に気がついたら座ったまま、お客様の目を見て明るく爽やかな笑顔で挨拶する。
② 相手の所属、名指し人の氏名、アポイントの有無を確認する。
③ 名指し人のところへ行くか、内線電話で来訪を伝える。
④ 受付がない会社の場合、来客に気づいた人がすぐに立ち上がって応対する。

138

解答欄

来客を応接室に誘導するうえでの注意点で適切なものは、次のうちのどれですか。

① エレベータでは「お先に失礼いたします」と言ってから自分が先に乗り、客を招き入れる。
② 来客には廊下の中央を歩いていただき、自分はその斜め後ろを歩く。
③ 誘導するときは「おみ足にお気を付けください」と適宜声をかける。
④ 階段を歩くときは「上がるときは自分が先を、下りるときは自分が後ろを」が基本である。

―――――――――――――139―――――――――――――

来客を誘導するうえでの注意点で不適切なものは、次のうちのどれですか。

① 有人のエレベーターに乗るときは、自分が先に乗り込んで「開」ボタンを押し、来客を招き入れる。
② エレベーターが到着階で扉が開いたら「開」ボタンを押し、来客に先に降りてもらう。
③ 応接室が「空室」表示になっていたらノックし、空室であることを確認してからドアを開ける。
④ 応接室のドアが外開きの場合には、来客に先に入室してもらう。

解答欄

―――――――――――――140―――――――――――――

茶菓のもてなしで不適切なものは、次のうちのどれですか。

① 湯呑みやカップの柄が来客の正面に向くように置く。
② 冷たい飲み物をグラスで出す場合は、先にコースターをテーブルに置き、その上にグラスを載せる。
③ 入口に近い席から順に 1 人ずつ、客の右側から両手を添えて出す。
④ 書類が広がっていて置くスペースがなくても、勝手に書類を片付けない。

解答欄

―――――――――――――141―――――――――――――

来客を見送るうえでの注意点で不適切なものは、次のうちのどれですか。

① 自分が担当者でない場合でも、帰る客を見かけたら立ち上がって挨拶する。
② 来客を見送る場所は、相手との関係や状況によって異なる。
③ エレベーター前で見送る場合は、エレベーターが動き出すまでお辞儀をし続ける。
④ 車の前で見送る場合は、車のドアが閉まるまで見送る。

解答欄

――――――――――――142――――――――――――

会議室の席次で適切なものは、次のうちのどれですか。

① 出入口に近い側の席が来客、遠い側の席が社内の人である。

② 出入口から一番遠い席が上座、近い席が下座である。

③ 資料を映すモニターが一番見やすい席が上座、それ以外は同等である。

④ 来客3名が3人掛けのソファに座る場合、真ん中が最上位である。

解答欄

――――――――――――143――――――――――――

上司と先輩と自分の3人でタクシーの後部座席に座る席順で適切なものは、次のうちのどれですか。

① （左）先輩・（中）自分・（右）上司

② （左）上司・（中）先輩・（右）自分

③ （左）自分・（中）先輩・（右）上司

④ （左）上司・（中）自分・（右）先輩

解答欄

――――――――――――144――――――――――――

列車のボックスシートの上座の位置で適切なものは、次のうちのどれですか。

① 進行方向を向いた窓側

② 進行方向を向いた通路側

③ 進行方向を背にした窓側

④ 進行方向を背にした通路側

解答欄

第１回　ビジネスマナー検定模擬試験

【試験時間　90分】

●受験注意事項●

1．試験問題は、問題1部と解答用紙1枚があります。
2．試験問題は、全部で15ページです。
3．試験監督者の指示にしたがって、試験問題と解答用紙を確認してください。
4．ページ不足や違いがある人は、試験監督者まで申し出てください。

●受験者情報の確認について●

1．解答用紙には、あらかじめ『氏名』『フリガナ』『生年月日』を印字しています。誤りがある場合は『訂正欄』に訂正記入してください。（楷書で濃く・ハッキリと記入してください。）
2．氏名に特殊な文字を使用されている場合は、合格証書等に代替文字を使用する場合があります。

●解答用紙記入上の注意事項●

1．解答用紙は機械で処理します。下記の注意事項をよく読み、解答してください。
(1) 問題の解答（　）欄内の丸数字を解答用紙の丸数字と対応させ、[1] から [4] のうち１つだけ塗りつぶして（マークして）ください。（解答用紙に記載のマーク例をご確認ください。）
(2) 1つの欄に2箇所以上マークされている場合は、不正解となります。
(3) 解答用紙の記入に使用できる筆記用具は、黒色の鉛筆かシャープペンシルで、HBまたはB以上の濃さのものです。
(4) ボールペンや万年筆、また黒色以外の筆記用具は使用できません。
(5) 訂正する場合は、プラスチック消しゴムでよく消してください。
(6) 記入が薄い場合や、消した跡が残っている場合などは、機械で正しく読み取れないため、採点対象外となります。
2．折り曲げたり汚したりしないでください。

1　ビジネスマナーの態度

問題 01：（　　　）に入る適切な言葉は、次のうちのどれですか。
「マナーとは、人間関係や（　　　）を保つために取るべき態度や行動のことである。」
①　社会的秩序　　②　仕事の進捗
③　倫理観　　④　社会的価値

解答欄

問題 02：学生と社会人とでは本分が異なりますが、本分の意味として適切なものは、次のうちのどれですか。
①　生活の中心となる本来の務め
②　社会での役割
③　本来の自分
④　生活の基盤となる場所

解答欄

問題 03：（　　　）に入る適切な言葉は、次のうちのどれですか。
「働くことの意味は、経済的自立とやりがい、そして（　　　）である。」
①　社会への参画　　②　家族の支援
③　人間関係の拡大　　④　趣味との両立

解答欄

問題 04：プロとして働くスタートを切るうえで大切な心がけとして不適切なものは、次のうちのどれですか。
①　当たり前のことが当たり前にできる人になる。
②　どんなに小さな仕事にも全力で取り組む。
③　全力で仕事にまい進し周りからの信頼を得る。
④　自分にできる仕事を選別し、その範囲で働く。

解答欄

問題 05：仕事への心構えに大切な「謙虚な姿勢」として不適切なものは、次のうちのどですか。

① あいまいな点は必ず確認する。
② わからない仕事は引き受けない。
③ まずは先輩のやり方を真似る。
④ ミスをしたらすぐに報告して謝罪する。

解答欄

問題 06：次の働く上での基本姿勢の説明で適切なものは、次のうちのどれですか。

① 休憩時間以外は、自分の居場所は明確にしておき、席を立つときは周囲に声をかける。
② 上司に呼ばれたら「メモは必要か」と聞いてから席を立つようにする。
③ 仕事を引き受けるとき、わからないことがあってもまずはできそうなところから進める。
④ 引き受けた仕事が終わらなければ、自己判断で責任を持って持ち帰る。

解答欄

問題 07：次の職場での休暇の取り方のうち不適切なものは、次のうちのどれですか。

① 休暇中も連絡が取れるように、常にスマートフォンなどをつなげておく。
② 休暇の申請は直属の上司に行う。
③ 急な体調不良で休むことも想定しておく。
④ 休暇を取得しても周りに迷惑が掛からないよう準備しておく。

解答欄

問題 08：（　　　）に入る適切な言葉は、次のうちのどれですか。

「ビジネスパーソンに求められる最も基本的な姿勢は、組織の（　　　）を理解し、目標達成に貢献しようとする姿勢である。」

① 基本理念　　② 損益分岐点
③ 沿革　　④ 福利厚生

解答欄

問題 09：（　　　）に入る適切な言葉は、次のうちのどれですか。
「ビジネスでは、商品やサービスを提供する側の都合を優先させない姿勢が大切で、これを（　　　）意識という。」
①　原価　　②　民主　　③　顧客　　④　財貨

解答欄

問題 10：（　　　）に入る適切な言葉は、次のうちのどれですか。
「仕事を進める上で公正・公平であることを理解し、社会常識や職場のルールを守ろうとする姿勢を、（　　　）意識という。」
①　規範　　②　倫理　　③　帰属　　④　規律

解答欄

問題 11：人間関係づくりの基本姿勢として不適切なものは、次のうちのどれですか。
①　相手を受け入れる姿勢
②　相手を知ろうと努力する姿勢
③　相手の良いところを見る姿勢
④　服装や持ち物から判断する姿勢

解答欄

問題 12：コミュニケーションに例えられるスポーツの動作で適切なものは、次のうちのどれですか。
①　スローイン　　②　キャッチボール
③　フリースロー　　④　ブロック

解答欄

問題 13：（　　　）に入る適切な言葉は、次のうちのどれですか。
「立場の異なる相手と良好な関係を構築するために最も大切なことは、相手を（　　）ことです。」
①　憐れむ　　②　思いやる
③　喜ばせる　　④　蔑む

解答欄

問題 14：後輩とのコミュニケーションで大切なポイントのうち不適切なものは、次のうちのどれですか。

① 意見を頭ごなしに否定しない。
② 公私にわたって親しくかかわる。
③ 困っているようなら進んでサポートする。
④ 自分のやり方を一方的に押し付けない。

問題 15：効果的なコミュニケーションをとるために必要な正しい聞き方として不適切なものは、次のうちのどれですか。

解答欄

① 聞いてもわからなかったことは慎重に憶測する。
② 反論があるときもまずは最後まで聞く。
③ 必要な事項は正確にメモを取る。
④ 先入観を持たず、受け入れる姿勢で聞く。

問題 16：学校という組織でもマナーが重要視される理由として不適切なものは、次のうちのどれですか。

解答欄

① 学生は支えられる立場のため、学校の規則には従うべきだから。
② 1人の無責任な行動が、学校のマイナスイメージにつながってしまうから。
③ 学びたい仲間の邪魔をするような行為は避けるべきだから。
④ 社会に出るための助走期間を充実したものにしていくことが大切だから。

問題 17：人との関わりの中で心がけることの組み合わせとして不適切なものは、次のうちのどれですか。

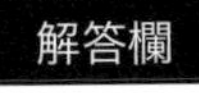

① 教職員＝礼も過ぎれば無礼となる
② 友　人＝よきライバルとして影響し合う
③ 先　輩＝教えてもらうという謙虚な姿勢
④ 後　輩＝威圧的な態度で接しない

問題 18：学校生活でさまざまな人間関係を構築するうえで必要なマナーとして適切なものは、次のうちのどれですか。

解答欄

①　気の合わないクラスメートとは、あまり無理して付き合う必要はない。
②　クラスメートは学ぶ場ではよきライバルとして、距離をとって接する。
③　後輩には、上の立場から威圧的な態度で接する。
④　先生には敬意をもって接する。

問題 19：学校でのマナー違反でないものは、次のうちのどれですか。

解答欄

①　授業中に携帯電話を鳴らす。
②　ロッカーの中をぐちゃぐちゃにして使う。
③　授業中に勝手に離席する。
④　来校者に進んで挨拶する。

問題 20：公共の場でのマナーとして適切なものは、次のうちのどれですか。

解答欄

①　スマートフォンから音楽やゲーム音が漏れている。
②　混雑した街中でアイスクリームを食べる。
③　店の前でしゃがみこんで話をする。
④　電車で困っている人に座席を譲る。

2　ビジネスマナーの技能

問題 21：ビジネスの場で身だしなみを整える理由として不適切なものは、次のうちのどれですか。

解答欄

①　人は初対面の際の印象を２秒以内に決定しているといわれているから。
②　印象を変えるには相当の時間と労力を費やさなければならないから。
③　個人が与えた印象が所属する組織そのものの印象として受けとられがちだから。
④　頭髪や衣服を整え、態度をきちんとすると、契約の成約率が２倍になるから。

問題 22：身だしなみにおける「清潔感」の要素のうち不適切なものは、次のうちのどれですか。

① 汚れやしわがないこと
② 個性を発揮できること
③ だらしなくないこと
④ サイズが合っていること

解答欄

問題 23：職場における身だしなみに必要な要素として不適切なものは、次のうちのどれですか。

① 信頼につながる高価な服装であること
② 作業中に袖や装飾が引っかからないこと
③ 自分の体型に合っていること
④ 動きやすい服装であること

解答欄

問題 24：ビジネスシーンで持ち物をそろえるとき、気を付けるべき点として不適切なものは、次のうちのどれですか。

① 機能性を重視すること
② カジュアルすぎる色やデザインでないこと
③ キャラクターのついたものであること
④ 汚れや傷がないように手入れすること

解答欄

問題 25：TPO の要素のうち不適切なものは、次のうちのどれですか。

① 季節感　② 時間帯　③ 場所　④ 場面

解答欄

問題 26：挨拶の要素として不適切なものは、次のうちのどれですか。

① 表情や声の大きさ　② 話すスピードや滑らかさ
③ ジャスチャー　④ 上から目線

解答欄

問題 27：職場での挨拶用語のうち適切なものは、次のうちのどれですか。

① 用事を頼まれたときに「承知いたしました」
② 上司をねぎらうときに「ご苦労様です」
③ 上司から指示を受けたときに「了解いたしました」
④ 上司に食事をごちそうになったときに「普通においしかったです」

解答欄

問題 28：緊張感のある美しい座り方のポイントとして適切なものは、次のうちのどれですか。

① 足を組んでぶらぶらさせる。
② 背中を丸めてあごを突き出す。
③ 浅く腰かけて背もたれに寄りかかる。
④ 男性は両手をひざの上で軽く握り、ひざを自然に開く。

解答欄

問題 29：書類を手にして歩くときの注意点として不適切なものは、次のうちのどれですか。

① 周りの人から書類を運んでいることが分かるように持つ。
② 書類の内容が他の人に見えないように持つ。
③ 書類を見ながら歩かない。
④ できれば書類を封筒などに入れて持ち運ぶ。

解答欄

問題 30：挨拶言葉をかけてから頭を下げる礼は、次のうちのどれですか。

① 同時礼　② 分離礼　③ 最敬礼　④ 一同礼

解答欄

問題 31：敬語がビジネスシーンで重要である理由のうち不適切なものは、次のうちのどれですか。

① 自分の地位が低いと相手に思われてしまうから。
② 社会人として常識を疑われかねないから。
③ 相手を不愉快にしてしまうから。
④ 意図とは異なった受け取られ方をされる可能性があるから。

解答欄

問題 32：敬語がビジネスシーンで重要である理由のうち不適切なものは、次のうちのどれですか。

① 相手を敬う気持ちを伝えるため
② 自身を謙遜する姿勢を示すため
③ 相手と自分の立場を明確にするため
④ 身分の上下を周囲に理解してもらうため

解答欄

問題 33：目上の人に対して使う挨拶言葉で「不適切でない」ものは、次のうちのどれですか。

① 参考になりました　② 勉強になりました
③ 了解しました　④ 了解です

解答欄

問題 34：敬語の種類で不適切なものは、次のうちのどれですか。

① 尊敬語　② 謙譲語　③ 丁寧語　④ 主語

解答欄

問題 35：敬語の使い方として適切なものは、次のうちのどれですか。

① ご使用になった食器はこちらまでお戻しください。
② おタバコはお吸いになられますか。
③ ネクタイが曲がっていらっしゃいます。
④ 社長のお宅で、犬がお生まれになったそうです。

解答欄

問題 36：電話でのコミュニケーションの特徴について述べたものの組み合わせで適切なものは、次のうちのどれですか。

① 双方向性と即時性　② 緊急性と記録性
③ 正確性と迅速性　④ 簡潔性と親密性

解答欄

問題 37：外線電話を受けて用件を聞くときのマナーで不適切なものは、次のうちのどれですか。

① 同音異義語のある漢字の言葉や省略表現はできるだけ避ける。
② 専門用語など、共通理解のある言葉を使う。
③ 数字を伝えるときは、７（シチ）を「ナナ」と言うようにする。
④ 日時、名前、電話番号は復唱して確認する。

解答欄

問題 38：電話をかける際にすべきことで不適切なものは、次のうちのどれですか。

① 相手が出たら、まずこちらから企業名と氏名を名乗る。
② 名指し人が出たら、今話ができる時間的な余裕があるかを確認する。
③ ５Ｗ３Ｈに沿って簡潔に用件を伝える。
④ 用件が正しく伝わったかを確認するため、相手に用件を復唱してもらう。

解答欄

問題 39：電話の受け方のマナーとして適切なものは、次のうちのどれですか。

① 外部からの電話には「もしもし、○○でございます」と企業名を名乗る。
② コール音が 10 回以上鳴ってから出る場合は、「お待たせいたしました」という。
③ 相手が名乗ったら、「こちらこそいつもお世話になっております」と応える。
④ 用件が終わったら、電話を受けたこちら側から電話を切る。

解答欄

問題 40：名指し人が不在時の電話の取り次ぎ方で不適切なものは、次のうちのどれですか。

① 会議や打ち合わせなど、名指し人不在の理由がわかるときは、理由と終了予定時間を伝える。
② 名指し人が休みの場合は、次の出社予定日を伝える。
③ 名指し人が外出の場合は、外出している旨と戻りの予定時刻を伝える。
④ 名指し人が出張の場合は、出張先の連絡先を伝える。

解答欄

問題 41：ビジネスメールのデメリットとして不適切なものは、次のうちのどれですか。

① 相手が受信したかわからない
② 相手が読んだかわからない
③ 相手の時間を奪ってしまう
④ 読んでもらうための工夫が必要

解答欄

問題 42：メールの簡便性の説明として不適切なものは、次のうちのどれですか。

① 相手の時間を確保する必要がない。
② 簡単な操作で相手に即時送信できる。
③ 発送や輸送の時間が省ける。
④ 情報漏洩のリスクがない。

解答欄

問題 43：メールでのコミュニケーションで適切なものは、次のうちのどれですか。

① 報告　② 謝罪　③ お悔み　④ 見舞い

解答欄

問題 44：メールを速やかに受け手に開封してもらえるような件名の例として適切なものは、次のうちのどれですか。

① ご連絡
② 人事の山本です
③ 質問です
④ インターンシップの御礼【○○大学鈴木です。】

解答欄

問題 45：メール本文に記載する１行の文字数で適切なものは、次のうちのどれですか。

① 10 文字以内　② 25～30 文字
③ 40～50 文字　④ 100～120 文字

解答欄

問題 46：ビジネス文書の目的として不適切なものは、次のうちのどれですか。

① 商業上の取引においては、取引の内容を文書にすることが一般的であるため。
② 議事録など、記録として残すため。
③ 常に最新の情報を更新しながら、相互に共有できるため。
④ 正確性が求められるデータを確実に伝えるため。

解答欄

問題 47：ビジネス文書のうち社外文書でないものは、次のうちのどれですか。

① 契約書　② 見積書　③ 督促状　④ 指示書

解答欄

問題 48：社内文書作成の際の注意点として不適切なものは、次のうちのどれですか。

① Ａ４サイズの用紙を使う。
② 頭語と結語をつける。
③ 文体を「です・ます」調で揃える。
④ 箇条書きを使う。

解答欄

問題 49：頭語と結語の組み合わせで不適切なものは、次のうちのどれですか。

① 拝啓＝敬具　② 謹啓＝敬白
③ 拝復＝敬復　④ 前略＝草々

解答欄

問題50：社外文書の時候の挨拶で不適切なものは、次のうちのどれですか。

① 2月＝早春　② 5月＝新緑
③ 8月＝残暑　④ 11 月＝晩秋

解答欄

問題 51：ビジネスの成功につながる訪問で不適切なものは、次のうちのどれですか。

① 相手に出向いてしっかりとした対応を見てもらい緊張感を与える。
② 相手の気持ちや求めていることを細かくくみ取り、信頼を得る。
③ 相手企業に解決策を示しその発展を助ける。
④ 顧客のニーズをヒアリングしてお勧めできる商品・サービスを提供する。

解答欄

問題 52：訪問のための面会予約を取るときの注意点で不適切なものは、次のうちのどれですか。

① 人数を伝える。
② 用件と所要時間を伝える。
③ 相手の都合に合わせる。
④ １か月前に取る。

解答欄

問題53：コートを脱ぐタイミングで適切なものは、次のうちのどれですか。

① 建物に入る前　② 受付の前
③ 応接室の前　④ 応接室の中

解答欄

問題 54：さまざまな場面での訪問のマナーで不適切なものは、次のうちのどれですか。

① 会議で取引先を訪問したときは、案内を断り自身で会議室に移動する。
② 来客用の ID カードなどを渡されたら、他の人から見えるように着用する。
③ 受付に担当者がいない企業を訪問するときは、備え付けの内線電話などで担当者を呼び出す。
④ 商談中は、相手に進められてから飲み物に口をつけるのがよい。

解答欄

問題 55：名刺交換のマナーで不適切なものは、次のうちのどれですか。

① 訪問した側、目上の人から先に名刺を出して名乗る。
② 複数の相手と名刺交換する場合には、上位者から順に行う。
③ 名刺を相手側に向けて持ち、軽く会釈をしてから渡す。
④ 受け取るときは「ちょうだいします」と言って、両手で受け取る。

解答欄

問題 56：（　　　）に入る適切な言葉は、次のうちのどれですか。

「最初にあった人の印象が、その組織全体のイメージにつながってしまうことを（　　　）効果という」

① 初頭　② 冒頭　③ 会頭　④ 最頭

解答欄

問題 57：来客と面談する場所として不適切なものは、次のうちのどれですか。

① ロビーの打ち合わせコーナー　② 会議室
③ 応接室　④ 社員食堂

解答欄

問題 58：来客受付の流れで不適切なものは、次のうちのどれですか。

① 来客に気がついたら座ったまま、お客様の目を見て明るく爽やかな笑顔で挨拶する。
② 相手の所属、名指し人の氏名、アポイントの有無を確認する。
③ 名指し人のところへ行くか、内線電話で来訪を伝える。
④ 受付がない会社の場合、来客に気づいた人がすぐに立ち上がって応対する。

解答欄

問題 59：来客を誘導するうえでの注意点で不適切なものは、次のうちのどれですか。

① 有人のエレベーターに乗るときは、自分が先に乗り込んで「開」ボタンを押し、来客を招き入れる。

② エレベーターが到着階で扉が開いたら「開」ボタンを押し、来客に先に降りてもらう。

③ 応接室が「空室」表示になっていたらノックし、空室であることを確認してからドアを開ける。

④ 応接室のドアが外開きの場合には、来客に先に入室してもらう。

問題 60：来客を見送るうえでの注意点で不適切なものは、次のうちのどれですか。

解答欄

① 自分が担当者でない場合でも、帰る客を見かけたら立ち上がって挨拶する。

② 来客を見送る場所は、相手との関係や状況によって異なる。

③ エレベーター前で見送る場合は、エレベーターが動き出すまでお辞儀をし続ける。

④ 車の前で見送る場合は、車のドアが閉まるまで見送る。

終了

第２回　ビジネスマナー検定模擬試験

【試験時間　90分】

●受験注意事項●

1．試験問題は、問題1部と解答用紙1枚があります。
2．試験問題は、全部で13ページです。
3．試験監督者の指示にしたがって、試験問題と解答用紙を確認してください。
4．ページ不足や違いがある人は、試験監督者まで申し出てください。

●受験者情報の確認について●

1．解答用紙には、あらかじめ『氏名』『フリガナ』『生年月日』を印字しています。誤りがある場合は『訂正欄』に訂正記入してください。（楷書で濃く・ハッキリと記入してください。）
2．氏名に特殊な文字を使用されている場合は、合格証書等に代替文字を使用する場合があります。

●解答用紙記入上の注意事項●

1．解答用紙は機械で処理します。下記の注意事項をよく読み、解答してください。
(1) 問題の解答（　）欄内の丸数字を解答用紙の丸数字と対応させ、[1] から [4] のうち1つだけ塗りつぶして（マークして）ください。（解答用紙に記載のマーク例をご確認ください。）
(2) 1つの欄に2箇所以上マークされている場合は、不正解となります。
(3) 解答用紙の記入に使用できる筆記用具は、黒色の鉛筆かシャープペンシルで、HBまたはB以上の濃さのものです。
(4) ボールペンや万年筆、また黒色以外の筆記用具は使用できません。
(5) 訂正する場合は、プラスチック消しゴムでよく消してください。
(6) 記入が薄い場合や、消した跡が残っている場合などは、機械で正しく読み取れないため、採点対象外となります。
2．折り曲げたり汚したりしないでください。

1　ビジネスマナーの態度

問題 01：（　　　）に入る適切な言葉は、次のうちのどれですか。

「ビジネスマナーとは、組織・企業の一員として求められる（　　　）ある行動のことである。」

①　意識　　②　見識　　③　良識　　④　学識

解答欄

問題 02：（　　　）に入る適切な言葉は、次のうちのどれですか。

「仕事とは、社会に必要な財貨や（　　　）を生産したり提供したりする社会的活動である。」

①　サービス　　②　商品

③　技術　　④　システム

解答欄

問題 03：（　　　）に入る適切な言葉は、次のうちのどれですか。

「働く上では、いかに戦力になれるかを考え、貢献することで（　　　）になることを目標にすべきである。」

①　人財　　②　人材　　③　人罪　　④　人在

解答欄

問題 04：仕事への心構えとして不適切なものは、次のうちのどれですか。

①　率先して仕事をする。

②　時間を有効活用する。

③　尊大な姿勢で取り組む。

④　心身の健康管理をする。

解答欄

問題 05：仕事でミスをしたときの対処として適切なものは、次のうちのどれですか。

①　ミスはマイナス評価につながるので隠す。

②　ギリギリまで自分一人で解決を図る。

③　事情を説明して上司の指示を受ける。

④　上司や先輩に責任を負ってもらう。

解答欄

問題 06：次の職場での行動のうち適切なものは、次のうちのどれですか。

① 会議中は、スマートフォンはマナーモードにしておいた。

② 受付で、手が空いていたので頬杖をついて客を待った。

③ 朝早く出社したので、パソコンのそばで食事をとった。

④ 昼休み中、パソコンで週末の旅行情報を検索した。

解答欄

問題 07：仕事上でミスやクレームを受けたときの対応として不適切なものは、次のうちのどれですか。

① 納得いくまで相手と話し合いを重ねる。

② すぐに上司や関係者に報告する。

③ 相手に誠意をもって謝罪する。

④ 最善策を上司と相談する。

解答欄

問題 08：ビジネスの場面における基本的な心がけとして不適切なものは、次のうちのどれですか。

① 顧客意識　　② 目標意識

③ 規律意識　　④ 潜在意識

解答欄

問題 09：目標意識をもって働くことのメリットについて述べたもののうち不適切なものは、次のうちのどれですか。

① 特定の仕事についてのスキルが上がる。

② 仕事の目的や背景に考えが及ぶ。

③ 目標設定や自分なりの工夫が生まれる。

④ 独自のノウハウが蓄積できる。

解答欄

問題 10：仕事を締め切り間に合わせるための心がまえとして不適切なものは、次のうちのどれですか。

① しっかり計画を立てる。

② 時間を無駄にしない。

③ 手際よく仕事を進める。

④ 残業をしてでも仕事を翌日まで持ち越さない。

解答欄

問題 11：良い人間関係を築くためのポイントのうち不適切なものは、次のうちのどれですか。

① 相手の社会的地位から人柄を理解する。
② 相手に対して先入観をもたない。
③ 相手の良いところに注目する。
④ 積極的に自分から人間関係を築く努力をする。

解答欄

問題 12：ビジネスにおける情報交換のコミュニケーションとして不適切なものは、次のうちのどれですか。

① とにかく短時間で伝える。
② 相手の立場になって伝える。
③ 相手に正しく伝える。
④ 相手の気持ちをくみ取る。

解答欄

問題 13：上司とのコミュニケーションで大切なポイントのうち不適切なものは、次のうちのどれですか。

① 価値観の違いは気にしない。
② 敬意をもって接する。
③ 素直にアドバイスを聞き入れる。
④ 指示の意図をしっかりつかむ。

解答欄

問題 14：正しい話の話し方として不適切なものは、次のうちのどれですか。

① 感想や自分なりの憶測をしっかり話す。
② 相手が聞きやすいスピードで話す。
③ 笑顔で相手の目を見て話す。
④ 間違いやすい表現は言い換える。

解答欄

問題 15：職場における報告のルールとして不適切なものは、次のうちのどれですか。

解答欄

① 指示を受けた上司に報告する。
② 悪い報告よりよい報告を優先する。
③ 緊急性の高い内容から報告する。
④ まずは結論を話し、必要に応じて経緯を伝える。

問題 16：（　　　）に入る言葉の組み合わせで適切なものは、次のうちのどれですか。

解答欄

「学ぶことは（　　）であるから、一人ひとりの（　　）が尊重されるように、互いが精力的に学べるようにする必要がある。」

① 特典　② 自然　③ 義務　④ 権利

問題 17：（　　　）に入る言葉の組み合わせで適切なものは、次のうちのどれですか。

解答欄

「親しき仲にも（　　）あり」

① 敬意　② 礼儀　③ 尊敬　④ 恩義

問題 18：学校でのマナー違反でないものは、次のうちのどれですか。

解答欄

① 学校の備品を勝手に持ち出す。
② 自分の机の中にごみを入れておく。
③ 共有のものは使ったら元の場所に戻す。
④ トイレの洗面台を水浸しにする。

問題 19：学校内での良識行動といえないものは、次のうちのどれですか。

① 制服を適切に着用する。
② お客様にきちんと挨拶する。
③ 廊下を走る。
④ 学ぶ場にふさわしい髪型に整える。

問題 20：交通機関など公共の場面でのマナーとして不適切なものは、次のうちのどれですか。

①　車内が空いているときは、メイクや食事の時間に充てる。
②　順番を守って乗り降りする。
③　混みあっているときはリュックは前に抱える。
④　携帯電話での通話は避ける。

解答欄

2　ビジネスマナーの技能

問題 21：信頼される身だしなみの要素のうち不適切なものは、次のうちのどれですか。

①　清潔感　　②　上品・控え目
③　機能性　　④　流行の最先端

解答欄

問題 22：ビジネスにおける身だしなみで「上品」として不適切なものは、次のうちのどれですか。

①　職場のイメージに合っていること
②　どのような人からも好感をもってもらえること
③　流行をさりげなく取り入れること
④　高価で華やかであること

解答欄

問題 23：ビジネスシーンでスーツを着用するときに大切な要素として不適切なものは、次のうちのどれですか。

①　ジャストサイズである。
②　高級感がある。
③　襟や袖口に汚れがない。
④　しわやほころびが、ボタンの欠落などがない。

解答欄

問題 24：ビジネスパーソンの持ち物とその説明で不適切なものは、次のうちのどれですか。

① 名刺＝名刺入れに入れて携帯する。
② 手帳＝タブレットなどのモバイルギアで管理してもよい。
③ 時計＝スマートフォンで代用してもよい。
④ ビジネスバッグ＝Ａ４サイズの書類が入るもの。

解答欄

問題 25：オフィスカジュアルとして一般的に避けるべきものとされていないものは、次のうちのどれですか。

① 今年流行しているシャツ
② 半ズボン
③ 露出が激しすぎるもの
④ 仕事に邪魔になるアクセサリー

解答欄

問題 26：コミュニケーションの基本となる挨拶についてのポイントとして不適切なものは、次のうちのどれですか。

① アイコンタクトをして、声をかけているという「心」を伝える。
② 笑顔で心を込めて挨拶する。
③ 利害関係者にしぼって挨拶する。
④ 挨拶言葉の後に、差し障りのない会話をする。

解答欄

問題 27：美しい立ち姿勢のポイントとして不適切なものは、次のうちのどれですか。

① 背筋を伸ばして軽く胸を張る。
② あごを引いて視線を正面に向ける。
③ ひじを張り、両手の指先を揃え身体の中央で重ねる。
④ ひざを閉じ、左右のかかとをつけて、つま先を自然に開く。

解答欄

問題 28：感じの良い歩き方のポイントとして不適切なものは、次のうちのどれですか。

解答欄

① 視線を正面に向ける。
② 足を引きづらない。
③ 大きな靴音を響かせない。
④ 腕は体に沿わせて動かさない。

問題 29：ビジネスの場面で避けるべき態度やふるまいについて述べたもののうち「不適切でない」ものは、次のうちのどれですか。

解答欄

① ペンを貸すときは、相手が使いやすい向きにして渡す。
② 場所を指すときは、右手の人差し指で明確に示す。
③ 話を聞くときは机に肘をついて、あごを載せる。
④ 上司に声をかけられたら首だけ向けて、座ったまま話を聞く。

問題 30：美しいお辞儀のポイントとして不適切なものは、次のうちのどれですか。

解答欄

① 指先を揃える。
② 首だけをゆっくり下げる。
③ 背筋を伸ばして姿勢を正す。
④ 何度もぺこぺこしない。

問題 31：敬語の重要性に関する文で（　　）に入る適切なものは、次のうちのどれですか。

解答欄

「相手を笑顔にする言葉を適切に（　　）うことが、あなたの評価にもつながる。」

① 遣　　② 違　　③ 遺　　④ 達

問題 32：目上の人に対して使う挨拶言葉で不適切なものは、次のうちのどれですか。

解答欄

① ご苦労さまでした　　② おはようございます
③ ありがとうございます　　④ お先に失礼します

問題 33：自身を謙遜する言葉で適切なものは、次のうちのどれですか。

① とんでもありません　② どんでもございません
③ とんでもないです　④ とんでもないことです

解答欄

問題 34：来客から、上司について聞かれたときの言葉として適切なものは、次のうちのどれですか。

① 部長の山田は帰宅しました。
② 山田部長は帰宅しました。
③ 部長さんは帰宅しました。
④ 部長の山田は帰宅なさいました。

解答欄

問題 35：謙譲表現で適切なものは、次のうちのどれですか。

① 客が言った→お客様が申された。
② 客が来た→お客様が参りました。
③ 食事を食べる→食事を召し上がる。
④ 資料を見ました→資料を拝見しました。

解答欄

問題 36：電話会話のマナーで不適切なものは、次のうちのどれですか。

① なるべく端的な専門用語で迅速に伝えること
② 口をしっかり開けて聞き取りやすい発音を心がけること
③ 背筋を伸ばして話すこと
④ 電話を受けることが出来る状態か確認してから用件を話すこと

解答欄

問題 37：電話をかける時間帯で「不適切でない」ものは、次のうちのどれですか。

① 始業時間前後　② 週明けの午前中
③ 会議が多く行われる時間帯　④ 終業時間直前

解答欄

問題 38：電話で用件を伝える際の５Ｗ３Ｈで不適切なものは、次のうちのどれですか。

① HOW＝いくらで　② WHAT＝何を
③ WHEN＝いつまでに　④ WHO＝誰に伝える内容なのか

解答欄

問題 39：職場にかかってきた電話を担当者に取り次ぐときのマナーで不適切なものは、次のうちのどれですか。

① 取り次ぎに時間がかかりそうなときは、もう一度かけ直してほしいと伝える。

② 取り次ぐ前に相手が用件を伝えてきた場合は、名指し人にその内容を伝えておく。

③ 名指し人が席にいてもいなくても、一旦電話を保留にする。

④ 名指し人が席を外しているときは「あいにくですが、ただいま席を外しております」と伝える。

解答欄

問題 40：伝言メモを書く上での注意点として不適切なものは、次のうちのどれですか。

① 相手の会社名、氏名、電話番号を記入する。

② 「折り返し電話が欲しい」「伝言を伝えてほしい」「またかけ直してくれる」など、相手の判断や希望を記入する。

③ 伝言を受けた日時や自分の名前を記入する。

④ 伝言メモは、名指し人が戻ったら直接手渡す。

解答欄

問題 41：ビジネスメールの利便性として不適切なものは、次のうちのどれですか。

① 簡便性が高い　　② コストが高い

③ データの共有量が多い　　④ 記録として残せる

解答欄

問題 42：メールの注意点として適切でないものは、次のうちのどれですか。

① 緊急の用件には向かない。

② 誤送信・情報漏洩の危険がある。

③ 感情が伝わりにくい。

④ 長期保存ができない。

解答欄

問題 43：メールを複数人に送信する際に各自のメールアドレスを知られないようにするためにメールアドレスを入する欄で適切なものは、次のうちのどれですか。

①　Acc　　②　Bcc　　③　Dcc　　④　ECC

解答欄

問題 44：ビジネスメールの構成として適切なものは、次のうちのどれですか。

①　名指人の所属、氏名は最初に右詰め１行で入れる。
②　本文はすべて左詰めにする。
③　なるべく長文で、丁寧な説明を心がける。
④　署名は右詰めにする。

解答欄

問題 45：ビジネスメールの署名に入れておくとよい内容として不適切なものは、次のうちのどれですか。

①　連絡先と、都合のつきやすい時間帯
②　所属と氏名、氏名のフリガナ
③　会社名と会社の所在地
④　自身のメールアドレスと電話番号

解答欄

問題 46：ビジネス文書のうち社内文書でないものは、次のうちのどれですか。

①　稟議書　　②　見積書
③　報告書　　④　企画書

解答欄

問題 47：文書作成の基本として不適切なものは、次のうちのどれですか。

①　迅速に作成する
②　基本的なフォーマットを使う
③　冗長に書く
④　５Ｗ３Ｈに沿って書く

解答欄

問題 48：社外文書作成のポイントとして不適切なものは、次のうちのどれですか。

① 前付＋本文＋付記で構成する。
② 前付には、文書番号・日付・受信者名・発信者名を書く。
③ 前付けに続き、件名を書く。
④ 前文は、頭語＋時候の挨拶＋結語で構成する。

解答欄

問題49：社外文書の時候の挨拶で不適切なものは、次のうちのどれですか。

① 1月＝迎春　② 4月＝陽春
③ 7月＝盛夏　④ 10月＝晩秋

解答欄

問題 50：ビジネス文書の前文に書く日頃の御礼として使われる言葉の組み合わせで不適切なものは、次のうちのどれですか。

① 企業あて：ご隆盛　② 企業あて：ご繁栄
③ 個人あて：ご清祥　④ 個人あて：ご発展

解答欄

問題 51：面会予約の別の言い方で適切なものは、次のうちのどれですか。

① アポイントメント　② サプリメント
③ ドキュメント　④ コミットメント

解答欄

問題 52：初めて相手先を訪問するとき、事前に下調べしておくべきこととして不適切なものは、次のうちのどれですか。

① 担当者の人となりや家族構成
② 相手企業の経営方や主要商品
③ 最新の業界ニュース
④ 訪問先の所在地や移動方法

解答欄

問題 53：アポイントメントのある相手を訪問したときの受付での注意点として不適切なものは、次のうちのどれですか。

① 約束の５分から 10 分前に到着できるようにする。
② 建物に入る前にコートを脱ぐ。
③ 自分の氏名、訪問相手の氏名、約束の時間を伝える。
④ 受付担当者に商談内容を簡潔に伝える。

解答欄

問題 54：ビジネスにおける訪問のマナーで不適切なものは、次のうちのどれですか。

① 案内された場所では下座で待つ。
② バッグや荷物は空いているいすやソファに置く。
③ 名刺入れを手元に準備しておく。
④ 書類の向きを相手側に向けて出せるよう準備する。

問題 55：名刺交換のマナーで不適切なものは、次のうちのどれですか。

解答欄

① 名前の読み方がわからない場合は「どのようにお読みするのですか」と聞く。
② 受け取った名刺は、すぐにポケットにしまう。
③ 名刺を同時交換するときは、片手で自分の名刺を出しながら、もう一方の手で相手の名刺を受け取る。
④ 立って話をしている間は、名刺入れの上に相手の名刺を重ねておく。

問題 56：来客応対の態度で不適切なものは、次のうちのどれですか。

① 誠意　② 親切　③ 緩慢　④ 丁寧

問題 57：来客を迎える準備として不適切なものは、次のうちのどれですか。

① 予定時間になったら飲み物を用意していつでも出せるようにしておく。
② 使用する資料や備品を揃えておく。
③ 冷暖房を適温に調整しておく。
④ 床にごみや汚れがない状態にしておく。

問題 58：来客を応接室に誘導するうえでの注意点で適切なものは、次のうちのどれですか。

① エレベータでは「お先に失礼いたします」と言ってから自分が先に乗り、客を招き入れる。

② 来客には廊下の中央を歩いていただき、自分はその斜め後ろを歩く。

③ 誘導するときは「おみ足にお気を付けください」と適宜声をかける。

④ 階段を歩くときは「上がるときは自分が先を、下りるときは自分が後ろを」が基本である。

解答欄

問題 59：茶菓のもてなしで不適切なものは、次のうちのどれですか。

① 湯呑みやカップの柄が来客の正面に向くように置く。

② 冷たい飲み物をグラスで出す場合は、先にコースターをテーブルに置き、その上にグラスを載せる。

③ 入口に近い席から順に１人ずつ、客の右側から両手を添えて出す。

④ 書類が広がっていて置くスペースがなくても、勝手に書類を片付けない。

解答欄

問題 60：会議室の席次で適切なものは、次のうちのどれですか。

① 出入口に近い側の席が来客、遠い側の席が社内の人である。

② 出入口から一番遠い席が上座、近い席が下座である。

③ 資料を映すモニターが一番見やすい席が上座、それ以外は同等である。

④ 来客３名が３人掛けのソファに座る場合、真ん中が最上位である。

解答欄

終了

第３回　ビジネスマナー検定模擬試験

【試験時間　90 分】

●受験注意事項●

1．試験問題は、問題1部と解答用紙1枚があります。
2．試験問題は、全部で13ページです。
3．試験監督者の指示にしたがって、試験問題と解答用紙を確認してください。
4．ページ不足や違いがある人は、試験監督者まで申し出てください。

●受験者情報の確認について●

1．解答用紙には、あらかじめ『氏名』『フリガナ』『生年月日』を印字しています。誤りがある場合は『訂正欄』に訂正記入してください。（楷書で濃く・ハッキリと記入してください。）
2．氏名に特殊な文字を使用されている場合は、合格証書等に代替文字を使用する場合があります。

●解答用紙記入上の注意事項●

1．解答用紙は機械で処理します。下記の注意事項をよく読み、解答してください。
(1) 問題の解答（　）欄内の丸数字を解答用紙の丸数字と対応させ、[1] から [4] のうち１つだけ塗りつぶして（マークして）ください。（解答用紙に記載のマーク例をご確認ください。）
(2) 1つの欄に2箇所以上マークされている場合は、不正解となります。
(3) 解答用紙の記入に使用できる筆記用具は、黒色の鉛筆かシャープペンシルで、HBまたはB以上の濃さのものです。
(4) ボールペンや万年筆、また黒色以外の筆記用具は使用できません。
(5) 訂正する場合は、プラスチック消しゴムでよく消してください。
(6) 記入が薄い場合や、消した跡が残っている場合などは、機械で正しく読み取れないため、採点対象外となります。
2．折り曲げたり汚したりしないでください。

1　ビジネスマナーの態度

問題 01：（　　　）に入る適切な言葉は、次のうちのどれですか。
「マナーとは、人間関係や（　　　）を保つために取るべき態度や行動のことである。」
① 社会的秩序　② 仕事の進捗
③ 倫理観　④ 社会的価値

解答欄

問題 02：（　　　）に入る適切な言葉は、次のうちのどれですか。
「仕事とは、社会に必要な財貨や（　　　）を生産したり提供したりする社会的活動である。」
① サービス　② 商品
③ 技術　④ システム

解答欄

問題 03：（　　　）に入る適切な言葉は、次のうちのどれですか。
「働くことの意味は、経済的自立とやりがい、そして（　　　）である。」
① 社会への参画　② 家族の支援
③ 人間関係の拡大　④ 趣味との両立

解答欄

問題 04：率先して仕事に取り組む姿勢として適切なものは、次のうちのどれですか。
① 率先して会議で発言し、自分の主張を押し通す。
② 新しい仕事に進んで取り組む。
③ 自分の仕事より先輩の仕事を優先する。
④ 始業時間より早く来て仕事を始める。

解答欄

問題 05：社会人として必要な心身の管理についての説明で不適切なものは、次のうちのどれですか。
① ストレスはすべてが悪いわけではないと考える。
② 朝はぎりぎりまで睡眠時間に充てる。
③ 食事はバランスよく食べる。
④ 適度に運動をする。

解答欄

問題 06：次の働く上での基本姿勢の説明で適切なものは、次のうちのどれですか。

① 休憩時間以外は、自分の居場所は明確にしておき、席を立つときは周囲に声をかける。
② 上司に呼ばれたら「メモは必要か」と聞いてから席を立つようにする。
③ 仕事を引き受けるとき、わからないことがあってもまずはできそうなところから進める。
④ 引き受けた仕事が終わらなければ、自己判断で責任を持って持ち帰る。

問題 07：仕事上でミスやクレームを受けたときの対応として不適切なものは、次のうちのどれですか。

解答欄

① 納得いくまで相手と話し合いを重ねる。
② すぐに上司や関係者に報告する。
③ 相手に誠意をもって謝罪する。
④ 最善策を上司と相談する。

問題 08：（　　　）に入る適切な言葉は、次のうちのどれですか。

解答欄

「ビジネスでは、商品やサービスを提供する側の都合を優先させない姿勢が大切で、これを（　　　）意識という。」

① 原価　② 民主　③ 顧客　④ 財貨

問題 09：（　　　）に入る適切な言葉は、次のうちのどれですか。

解答欄

「限られた時間で効率よく仕事を進める『時間意識』をもつことは、企業の（　　　）削減につながる。」

① リスク　② ダスト
③ コスト　④ タスク

問題 10：（　　　）に入る適切な言葉は、次のうちのどれですか。

解答欄

「顧客のニーズにこたえるだけではなく、常にレベルの高い仕事を追求する姿勢を（　　）意識と言う。」

① 品質　② 改革　③ 探求　④ 上昇

問題 11：人間関係づくりの基本姿勢として不適切なものは、次のうちのどれですか。

① 相手を受け入れる姿勢
② 相手を知ろうと努力する姿勢
③ 相手の良いところを見る姿勢
④ 服装や持ち物から判断する姿勢

解答欄

問題 12：ビジネスにおける情報交換のコミュニケーションとして不適切なものは、次のうちのどれですか。

① とにかく短時間で伝える。
② 相手の立場になって伝える。
③ 相手に正しく伝える。
④ 相手の気持ちをくみ取る。

解答欄

問題 13：正しい話の話し方として不適切なものは、次のうちのどれですか。

① 感想や自分なりの憶測をしっかり話す。
② 相手が聞きやすいスピードで話す。
③ 笑顔で相手の目を見て話す。
④ 間違いやすい表現は言い換える。

解答欄

問題 14：ビジネスシーンにおける連絡のうち、メールで行う方が「効果的でない」ものは、次のうちのどれですか。

① 正確に伝えたいとき
② 記録として残したいとき
③ 急いで返事をもらいたい伝達事項があるとき
④ 多くの相手に一度に連絡したいとき

解答欄

問題 15：問題解決のために相談を行う上で不適切なものは、次のうちのどれですか。

① 解決策を相手に丸投げせず、自身の意見も伝える。
② 仕事内容を理解している人を選んで相談する。
③ 機密事項が漏洩しないよう配慮する。
④ 客観的な意見をもらうために社外の人に相談する。

解答欄

問題 16：学校という組織でもマナーが重要視される理由として不適切なものは、次のうちのどれですか。

① 学生は支えられる立場のため、学校の規則には従うべきだから。
② 1人の無責任な行動が、学校のマイナスイメージにつながってしまうから。
③ 学びたい仲間の邪魔をするような行為は避けるべきだから。
④ 社会に出るための助走期間を充実したものにしていくことが大切だから。

問題 17：（　　　）に入る言葉の組み合わせで適切なものは、次のうちのどれですか。

解答欄

「親しき仲にも（　　）あり」

① 敬意　② 礼儀　③ 尊敬　④ 恩義

問題 18：学校でのマナー違反でないものは、次のうちのどれですか。

解答欄

① 授業中に携帯電話を鳴らす。
② ロッカーの中をぐちゃぐちゃにして使う。
③ 授業中に勝手に離席する。
④ 来校者に進んで挨拶する。

問題 19：公共の場で思いやる行動を積極的にとることは、直接的ではなくともあなたのプラスになりますが、そのような考え方を述べた言葉は、次のうちのどれですか。

解答欄

① 因果応報　② 情けは人のためならず
③ 覆水盆に返らず　④ 案ずるより産むがやすし

問題 20：地球の一員として気をつけたいこととして不適切なものは、次のうちのどれですか。

解答欄

① プラスティックストローを積極的に使う。
② ごみを適切に分別する。
③ レジ袋削減に取り組む。
④ マイボトルを活用する。

2　ビジネスマナーの技能

問題 21：信頼される身だしなみの要素のうち不適切なものは、次のうちのどれですか。

①　清潔感　　②　上品・控え目
③　機能性　　④　流行の最先端

解答欄

問題 22：職場における身だしなみに必要な要素として不適切なものは、次のうちのどれですか。

①　信頼につながる高価な服装であること
②　作業中に袖や装飾が引っかからないこと
③　自分の体型に合っていること
④　動きやすい服装であること

解答欄

問題 23：ビジネスシーンで持ち物をそろえるとき、気を付けるべき点として不適切なものは、次のうちのどれですか。

①　機能性を重視すること
②　カジュアルすぎる色やデザインでないこと
③　キャラクターのついたものであること
④　汚れや傷がないように手入れすること

解答欄

問題 24：暑い時期に冷房を控えめにするため服装を工夫する取り組みは、次のうちのどれですか。

①　ウォームビズ　　②　クールビズ
③　サマービズ　　④　オフィスビズ

解答欄

問題 25：寒い時期に暖房を控えめにするため服装を工夫する取り組みは、次のうちのどれですか。

①　ウォームビズ　　②　クールビズ
③　サマービズ　　④　ウィンタービズ

解答欄

問題 26：挨拶の要素として不適切なものは、次のうちのどれですか。

① 表情や声の大きさ　② 話すスピードや滑らかさ
③ ジャスチャー　④ 上から目線

解答欄

問題 27：美しい立ち姿勢のポイントとして不適切なものは、次のうちのどれですか。

① 背筋を伸ばして軽く胸を張る。
② あごを引いて視線を正面に向ける。
③ ひじを張り、両手の指先を揃え身体の中央で重ねる。
④ ひざを閉じ、左右のかかとをつけて、つま先を自然に開く。

解答欄

問題 28：書類を手にして歩くときの注意点として不適切なものは、次のうちのどれですか。

① 周りの人から書類を運んでいることが分かるように持つ。
② 書類の内容が他の人に見えないように持つ。
③ 書類を見ながら歩かない。
④ できれば書類を封筒などに入れて持ち運ぶ。

解答欄

問題 29：美しいお辞儀のポイントとして不適切なものは、次のうちのどれですか。

① 指先を揃える。
② 首だけをゆっくり下げる。
③ 背筋を伸ばして姿勢を正す。
④ 何度もぺこぺこしない。

解答欄

問題 30：会釈を効果的に使う場面として不適切なものは、次のうちのどれですか。

① 来客を見送るとき　② 人とすれ違うとき
③ 人の前を通るとき　④ お茶を出されたとき

解答欄

問題 31：敬語がビジネスシーンで重要である理由のうち不適切なものは、次のうちのどれですか。

①　自分の地位が低いと相手に思われてしまうから。
②　社会人として常識を疑われかねないから。
③　相手を不愉快にしてしまうから。
④　意図とは異なった受け取られ方をされる可能性があるから。

解答欄

問題 32：目上の人に対して使う挨拶言葉で「不適切でない」ものは、次のうちのどれですか。

①　参考になりました　　②　勉強になりました
③　了解しました　　④　了解です

解答欄

問題 33：来客から、上司について聞かれたときの言葉として適切なものは、次のうちのどれですか。

①　部長の山田は帰宅しました。
②　山田部長は帰宅しました。
③　部長さんは帰宅しました。
④　部長の山田は帰宅なさいました。

解答欄

問題 34：以下の美化語で適切なものは、次のうちのどれですか。

①　当社のご住所　　②　おコーヒー
③　お料理　　④　ご時間

解答欄

問題 35：次の呼称の組み合わせ（普通の表現と尊称）で不適切なものは、次のうちのどれですか。

①　息子：ご子息　　②　企業：弊社
③　誰：どちら様　　④　役職者：○○部長

解答欄

問題 36：電話でのコミュニケーションの特徴について述べたものの組み合わせで適切なものは、次のうちのどれですか。

①　双方向性と即時性　　②　緊急性と記録性
③　正確性と迅速性　　④　簡潔性と親密性

解答欄

問題 37：電話をかける時間帯で「不適切でない」ものは、次のうちのどれですか。

① 始業時間前後　② 週明けの午前中
③ 会議が多く行われる時間帯　④ 終業時間直前

問題 38：電話で用件を伝える際の５Ｗ３Ｈで不適切なものは、次のうちのどれですか。

解答欄

① HOW＝いくらで
② WHAT＝何を
③ WHEN＝いつまでに
④ WHO＝誰に伝える内容なのか

問題 39：場面に合わせた伝え方として不適切なものは、次のうちのどれですか。

解答欄

① 電話の声が聞き取りにくかったので「お電話が少し遠いようですが」と言った。
② 相手が社名や氏名を言わなかったので「失礼ですが、どちら様でしょうか」と言った。
③ 相手の名指しに該当する名字の人が複数いたので「フルネームをご存じでしょうか」と言った。
④ 不在の名指し人の連絡先電話番号を教えてほしいと言われたので「携帯電話の番号を申し上げます」と言い、伝えた。

問題 40：携帯電話のマナーで不適切なものは、次のうちのどれですか。

① 電波状態の悪いところで電話をかけたときは、「途中で切れてしまうかもしれない」と断ってから話を始める。
② 騒がしい場所で電話を受けた場合は、「○分後にこちらからおかけします」と伝える。
③ 留守番電話のアナウンスが流れたら、簡潔に用件を残す。
④ 電車の乗車時や会議中などは、電源を切るかマナーモードを活用する。

問題 41：ビジネスメールのデメリットとして不適切なものは、次のうちのどれですか。

① 相手が受信したかわからない
② 相手が読んだかわからない
③ 相手の時間を奪ってしまう
④ 読んでもらうための工夫が必要

解答欄

問題 42：メールを複数人に送信する際に各自のメールアドレスを知られないようにするためにメールアドレスを入力する欄で適切なものは、次のうちのどれですか。

① Acc　② Bcc　③ Dcc　④ ECC

解答欄

問題 43：メール本文に記載する1行の文字数で適切なものは、次のうちのどれですか。

① 10文字以内　② 25～30文字
③ 40～50文字　④ 100～120文字

解答欄

問題44：メールの返信のマナーで不適切なものは、次のうちのどれですか。

① 件名は変えない。
② あて先はメールの発信者名にする。
③ メールに対する礼の言葉を伝える。
④ 相手方の送信内容に対する回答は控える。

解答欄

問題 45：メールを転送する際に件名の冒頭に自動付与される文字で適切なものは、次のうちのどれですか。

① Re:　② Fwd:　③ To:　④ Bcc:

解答欄

問題 46：ビジネス文書の目的として不適切なものは、次のうちのどれですか。

① 商業上の取引においては、取引の内容を文書にすることが一般的であるため。
② 議事録など、記録として残すため。
③ 常に最新の情報を更新しながら、相互に共有できるため。
④ 正確性が求められるデータを確実に伝えるため。

問題 47：社外文書作成のポイントとして不適切なものは、次のうちのどれですか。

解答欄

① 前付＋本文＋付記で構成する。
② 前付には、文書番号・日付・受信者名・発信者名を書く。
③ 前付けに続き、件名を書く。
④ 前文は、頭語＋時候の挨拶＋結語で構成する。

問題 48：頭語と結語の組み合わせで不適切なものは、次のうちのどれですか。

① 拝啓＝敬具　　② 謹啓＝敬白
③ 拝復＝敬復　　④ 前略＝草々

問題 49：書類を送る際の文書に書く表現で、「確認して受け取ってほしい」の意味で適切なものは、次のうちのどれですか。

① ご査収ください　　② ご笑納ください
③ ご自愛ください　　④ ご教示ください

問題 50：パーティーなどの招待状を受け取ったときの注意点として適切なものは、次のうちのどれですか。

① 返信期限ギリギリまで熟慮して返信する。
② 出席か欠席に○をし、○をしない方は「×」で消す。
③ 「ご芳名」とあったら、「ご」を二重線で消す。
④ 祝賀の言葉を書き添える。

問題 51：ビジネスの成功につながる訪問で不適切なものは、次のうちのどれですか。

① 相手に出向いてしっかりとした対応を見てもらい緊張感を与える。

② 相手の気持ちや求めていることを細かくくみ取り、信頼を得る。

③ 相手企業に解決策を示しその発展を助ける。

④ 顧客のニーズをヒアリングしてお勧めできる商品・サービスを提供する。

問題 52：アポイントメントのある相手を訪問したときの受付での注意点として不適切なものは、次のうちのどれですか。

① 約束の５分から 10 分前に到着できるようにする。

② 建物に入る前にコートを脱ぐ。

③ 自分の氏名、訪問相手の氏名、約束の時間を伝える。

④ 受付担当者に商談内容を簡潔に伝える。

問題 53：名刺交換のマナーで不適切なものは、次のうちのどれですか。

① 訪問した側、目上の人から先に名刺を出して名乗る。

② 複数の相手と名刺交換する場合には、上位者から順に行う。

③ 名刺を相手側に向けて持ち、軽く会釈をしてから渡す。

④ 受け取るときは「ちょうだいします」と言って、両手で受け取る。

問題 54：名刺交換の後のマナーで不適切なものは、次のうちのどれですか。

① 相手の名刺を持ったまま話をするときは、相手の氏名を指で隠さないようにする。

② 着席して商談が始まったら、一番目上の方の名刺を名刺入れの上に置き、他の人の名刺は座席順に並べる。

③ 商談中、書類を相手の名刺の上に重ねないように注意する。

④ 面談の内容を相手から受け取った名刺の裏にメモ書きする。

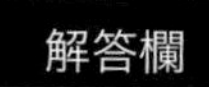

問題 55：社外での面談の注意事項として不適切なものは、次のうちのどれですか。

① 相手から受け取った名刺が周囲に見られぬよう、「失礼します」と断り名刺入れにしまう。
② 会話の内容が周囲に聞こえぬよう、声の大きさに注意する。
③ 相手が飲み物に口をつけてから、自分の飲み物を飲み始める。
④ 知り合いと出会う可能性もあるので、常に周囲に注意を配る。

解答欄

問題 56：（　　　）に入る適切な言葉は、次のうちのどれですか。

「最初にあった人の印象が、その組織全体のイメージにつながってしまうことを（　　　）効果という」

① 初頭　② 冒頭　③ 会頭　④ 最頭

解答欄

問題 57：来客を迎える準備として不適切なものは、次のうちのどれですか。

① 予定時間になったら飲み物を用意していつでも出せるようにしておく。
② 使用する資料や備品を揃えておく。
③ 冷暖房を適温に調整しておく。
④ 床にごみや汚れがない状態にしておく。

解答欄

問題 58：来客を誘導するうえでの注意点で不適切なものは、次のうちのどれですか。

① 有人のエレベーターに乗るときは、自分が先に乗り込んで「開」ボタンを押し、来客を招き入れる。
② エレベーターが到着階で扉が開いたら「開」ボタンを押し、来客に先に降りてもらう。
③ 応接室が「空室」表示になっていたらノックし、空室であることを確認してからドアを開ける。
④ 応接室のドアが外開きの場合には、来客に先に入室してもらう。

解答欄

問題 59：会議室の席次で適切なものは、次のうちのどれですか。

①　出入口に近い側の席が来客、遠い側の席が社内の人である。

②　出入口から一番遠い席が上座、近い席が下座である。

③　資料を映すモニターが一番見やすい席が上座、それ以外は同等である。

④　来客３名が３人掛けのソファに座る場合、真ん中が最上位である。

解答欄

問題 60：列車のボックスシートの上座の位置で適切なものは、次のうちのどれですか。

①　進行方向を向いた窓側

②　進行方向を向いた通路側

③　進行方向を背にした窓側

④　進行方向を背にした通路側

解答欄

終了

ビジネスマナー検定試験

一般社会において、人間関係を良好に保ち、仕事を円滑に進めるために必要な社会人としてのビジネスマナー。その態度・知識・技能を公式に評価する検定試験です。

1級　【インストラクターレベル】

- ビジネスマナーを指導するインストラクター資格です。
- e ラーニングやオンラインによる養成講座を開講します。その修了者が受験対象者です。

準1級　【社会人レベル】

ビジネスパーソンとして必要な「態度」「知識」「技能」を択一式や単語記述式問題で出題します。分野別および総合正解率 70%以上で合格とします。

2級　【インターンシップレベル】

準 2 級学科試験および実技試験の両合格者を「2 級合格」とします。

準2級 学科試験	準2級 実技試験
インターンシップ生に必要な「態度」「技能」を択一式問題で出題します。分野別50％以上、総合正解率70％以上で合格とします。	ビジネスパーソンとして必要な技能をロールプレイングで審査し、一定水準以上と認めた者を合格とします。 (開催時期はお問い合わせください)

3級　【基礎・入門レベル】

社会人として必要な心構えや基礎知識、基本技能を身につける養成講座（座学 90 分＋ロープレ実習 30 分）を開講します。その修了者が受験対象者です。

［編者紹介］
一般社団法人全国検定教育振興会
全ての人に求められる一般社会において必要なマナーや、ビジネスコモンセンスを身につけた人材を育成するため、児童の躾をはじめ学生や社会人のビジネスマナーの教育に携わる者の指導育成を行い、また青少年に対してビジネスコモンセンス能力を検定し、もって我が国の経済社会の発展に寄与することを目的としている。▶https://biz-common.or.jp/

［執筆者紹介］
株式会社アプト
学生のキャリア支援、社会人のキャリアアップのための各種研修・教育の企画運営、講師派遣を行っている企業。職場環境の活性化につながるコミュニケーションやマナーについて実践的な指導をしている。
企業研修・各種講座のお問合せなどはこちらまで▶win@apt-club.com

ちょっと臆病なチキンハートの犬
チキン犬

・とても傷つきやすく、何事にも慎重。
・慎重すぎて逆にドジを踏んでしまう。
・頼まれごとにも弱い。
・のんびりすることと音楽が好き。
・運動は苦手（犬なのに…）。
・好物は緑茶と大豆食品。

英光社イメージキャラクター
『チキン犬』特設ページ
チキン犬
LINEスタンプ販売中！
https://eikosha.net/chicken-ken

ビジネスマナー検定問題集準2級
2024年4月1日　発行

編　者　一般社団法人　全国検定教育振興会
発行所　株式会社 英光社
〒176-0012　東京都練馬区豊玉北1-9-1
TEL 050-3816-9443
振替口座 00180-6-149242
https://eikosha.net

ISBN 978-4-88327-812-1 C2034

本書の内容に誤りが見つかった場合は、
ホームページにて正誤表を公開いたします。
https://eikosha.net/seigo

本書の内容に不審な点がある場合は、下記よりお問合せください。
https://eikosha.net/contact
FAX 03-5946-6945
※お電話でのお問合せはご遠慮ください。

落丁・乱丁本はお取り替えいたします。
上記contactよりお問合せください。